31

D1546566

Discard

HISTORIA OCULTA DE LA
CONQUISTA DE AMÉRICA

HISTORIA OCULTA DE LA
CONQUISTA DE
AMÉRICA

Gabriel Sánchez Sorondo

nowtilus

Colección: Historia Incógnita
www.historiaincognita.com

Título: Historia oculta de la Conquista de América
Autor: Gabriel Sanchez Sorondo

Copyright de la presente edición: © 2011 Ediciones Nowtilus, S.L.
Doña Juana I de Castilla 44, 3º C, 28027 Madrid
www.nowtilus.com

Editor: Santos Rodríguez

ISBN-13: 978-84-9763-548-6
Fecha primera edición: Febrero 2009
Fecha segunda edición: Agosto 2011

Printed in Spain
Imprime: Publidisa
Depósito legal: SE-5909-2011

A Delfina, mi mujer, por ayudarme tanto en este libro.

*A Fernando, mi padre, por haberme transmitido
el oficio de la escritura.*

*A Carmen, mi madre, por contagiarme la música,
que habita en la palabra escrita.*

A Rai, mi hijo; porque sí.

Índice

Introducción

Para comprender en qué primer escenario mental del individuo europeo se da la voluptuosa u hostil América, hay que ponerse en la piel de un tipo de hombre específico: el conquistador español. Dicha figura tiende progresivamente a recibir un tratamiento más profundo desde distintos ángulos y propuestas. Mucha y excelente literatura le dedica sus páginas, además, claro está, de la historiografía profesionalizada.

En cuanto a figuras puntuales, Colón, Álvar Núñez, Magallanes, Pizarro, son objeto de biografías y ficciones históricas de distinto color. Del mismo modo, la ciencia encuentra y la literatura recoge tramos de este capítulo de la humanidad para llevarlos al cine, al teatro, al arte en sus múltiples soportes y lenguajes.

Las condiciones comprobadas del viaje a través del océano Atlántico en barcos que iban superpoblados a poblar lo desconocido, privaciones y necesidades, documentación secreta o archivada en el olvido, son elementos que hoy cobran vida y se suman al panóptico de la observación a partir de enfoques interdisciplinarios.

En conjunto, la relación cultural simbiótica del conquistador con el nativo suma, a la luz de recientes repasos, un material apasionante y revelador.

Estudios recientes ponen en relieve temas que tienden a cobrar mayor importancia a la asignada hasta no hace mucho por la historia tradicional. ¿Qué alcance real, tuvieron –por ejemplo– la viruela y el sarampión en las campañas de Cortés y Pizarro? ¿Las pestes definieron la historia de la conquista?

Cuestiones de alto voltaje se suman a la polémica desde otro enfoque: ¿cómo incidió la cuestión del canibalismo? ¿La ingesta de humanos (de compatriotas occidentales) perjudicó o favoreció la imagen del conquistador español ante el indio?

El tema de la alimentación, dicho sea de paso, no es menor: ¿cómo lograron mayas y aztecas proveerse de alimentos para abastecer una densidad de población que superaba ampliamente sus recursos agrícolas?

Literatura y ensayística, por igual, marcan el camino de la interrogación. La ventaja en este caso: un archivo riquísimo, de primerísima mano, en la palabra escrita de testigos presenciales. A partir de cronistas como Antonio Pigafetta (vívido relator de la primera vuelta al mundo, iniciada por Magallanes y culminada por Elcano), Álvar Núñez (México y sur de los actuales Estados Unidos), Ulrico Schmidl (Río de la Plata), Pedro Cieza de León (Perú), Bernal Díaz del Castillo (México, Panamá) y el propio Hernán Cortés, en sus cartas de la Conquista de México, el repaso, la reconstrucción y la investigación se hacen fascinantes.

La variedad y cantidad de cronistas resultó clave en la elaboración de estas páginas y por la misma razón no podemos omitir aun más nombres de los muchos que aportaron a este volumen.

Entonces también debemos hablar del mismísimo Cristóbal Colón, su hijo Hernando, y de Américo Vespucio.

Esa portentosa galería de narradores incluye ejemplos distintos y curiosos. Como el de "el Inca" Garcilaso, quien sin haber sido en rigor un protagonista de la conquista, está cronológicamente cerca de los hechos y resulta en sí mismo un verdadero fruto de la unión entre dos mundos (más precisamente, el del inca y el español). Encontramos también paradojas de la creatividad, como en Francisco López de Gómara (capellán y biógrafo de Cortés) destacado por su puntillosa narración y recopilación documental de la conquista española de México, pese a no cruzar jamás el Atlántico.

Qué decir, finalmente, del inefable Bartolomé de las Casas y su *Brevísima relación de la destrucción de las Indias*. Aquella obra polémica y descarnada por cuyas páginas se dio origen a la Junta de Valladolid, y paralelamente a la llamada "Leyenda negra" que se divulgaría por toda Europa como propaganda antiespañola.

Sobran las fuentes. Allí están, aunque a veces parcialmente ocultas, las incontables capas que se superpusieron entre descubrimiento y conquista. Misterios y traiciones. Sacrificios y renuncias. Desatinos y aciertos. Héroes anónimos y cobardes popularizados. Hombres, espacios, desastres naturales, plagas, milagrosas coincidencias… mucho más de lo que se nos muestra en el relato oficial ha incidido en la historia. Solo hace falta relacionar, re-hilvanar; lanzarse a la aventura mental que nuestros antepasados alguna vez acometieron con cuerpo y alma.

Cabe, finalmente, una aclaración fundamental. Este libro no supone un conjunto de biografías, ni de las campañas que emprendieron los conquistadores cuyos nombres titulan los respectivos capítulos. Lo que procuramos al abordar la "Conquista oculta" es tomar fracciones, recortes de vida, de expediciones, de momentos que, dada su intensidad, consideramos descriptivos de la gran odisea conquistadora. No se busque pues, una estricta linealidad cronológica ni el detalle específico de los hechos que puede encontrar el lector, en cambio, en gran parte de la bibliografía aportada como referencia.

Repasar, repreguntar y reformular la incógnita, el misterio, la duda, incentivando nuevas búsquedas: esos fueron nuestros objetivos en la preparación de estas páginas: un encuentro, una cita convocada por la fascinación compartida.

Capítulo I
Los conquistadores

Las Indias son refugio y amparo de los desesperados de España,
iglesia de los alzados, salvoconducto de los homicidas,
pala y cubierta de los jugadores.

Miguel de Cervantes

Acaso el Manco de Lepanto abrigase –tal como señalan algunos críticos– cierto resentimiento al escribir sobre las Indias. A ellas aspiró, infructuosamente, mientras quiso ser designado funcionario colonial, sin obtener nunca el visto bueno de la corona.

Concedámosle parcialmente que quizás "Las Indias" fueron en efecto, un refugio, pero no solo eso. También otorgaron horizonte a miles de hombres que buscaban un destino con mayúsculas.

En los siglos XVI y XVII, con el descubrimiento del Nuevo Mundo, una nueva categoría irrumpe y redefine a lo humano. Pues al mismo tiempo que Occidente toma conocimiento del hombre nativo de América, emerge con caracterología propia otro hombre: el descubridor europeo; el conquistador.

Alegoría de Cristóbal Colon y el descubrimiento de América,
por Teodoro Bry, 1594.

La figura del conquistador presenta contraluces muy particulares.

En cuanto "adelantado" no es un mero invasor, ni un corsario, ni un colono aunque lo apañe la Corona. Es, sí, un guerrero, pero además de conquistar debe "convertir": operar en el alma del salvaje, evangelizar. Así, la mística hispánica, comprometida con la fe cristiana, genera una complejidad operativa más allá del oro, del estandarte o del exclusivo beneficio personal.

En cuanto a los intereses más íntimos del conquistador llano, este viene de una Europa signada por la sociedad estamental. En ella, las posibilidades de los individuos para modificar la situación social en la cual habían nacido eran, en tierra natal, mínimas. La búsqueda de ascenso existía en versiones diferentes: un hidalgo acomodado, un clérigo o un simple ex convicto capaz de empuñar la espada, podían estar buscando, en definitiva, algo parecido: los hermanaba un deseo y un riesgo.

La clase alta o dirigente, salvo excepciones, no se embarcó hacia América. La mayoría de los oficiales eran "hidalgos". Categoría que merece ser etimológicamente repasada. Como bien subrayan hoy los análisis de este término, la palabra viene de "hijosdalgo = "hijos-de-algo" y remite a personas "sin apellido de cristiano viejo", aspirantes a la oportunidad de, algún día, penetrar en la nobleza. Corría por la época una copla anónima que ironizaba: "Es el don de aquel hidalgo como el don del algodón: que no se puede ser Don sin primero tener algo".

Entre los ibéricos embarcados abundaban pues hidalgos mercaderes, hidalgos liberales de la época –algunos de ellos, cronistas– y oficiales reales.

El debate acerca de la dosis de alcurnia peninsular que recibió América en el siglo XVI aún desvela a quienes se consideran descendientes de tal o cual blasón. Pero si nos atenemos a los documentos concretos, la suma entre miembros de la alta y baja nobleza llegada al Nuevo Mundo en este período oscila entre el 5% y el 6%. El resto se completa con soldados, labriegos, campesinos, artesanos, burócratas y clérigos.

Para aquellos escasos nobles que viajaban, frecuentemente el atractivo de América consistía en sacarle lustre a su ajado escudo, sumando a su apellido una posesión, un cargo, un rango militar obtenido en el mérito de la campaña. Ese aliciente, sin duda "afinó" el nivel social de las flotas. En dicho grupo se encontraban, por ejemplo, Vasco Núñez de Balboa, Diego de Nicuesa, el propio Hernán Cortés y Álvar Núñez Cabeza de Vaca, entre otros.

¿De qué regiones españolas venían los respectivos exploradores? Surge del *Catalogo de pasajeros* (Archivo General de Indias) que la conformación de las flotas españolas registraba mayoría andaluza, con un 36 %. Luego seguían los castellanos, con un 28%.

Y finalmente los extremeños (entre quienes se contaban los de clases sociales inferiores, como los hermanos Pizarro), con un 14%. Claro que la pertenencia geográfica no era determinante de un nivel socio-cultural, pero sí un indicio. En ese marco, junto con la milicia regular y el clero –canales habituales del ascenso social en la época–, el del expedicionario al Nuevo Mundo resultaría un camino alternativo para ascender en la España del siglo XVI.

En cuanto al nivel de instrucción cultural, salvo excepciones (Álvar Núñez, Cortés, y unos pocos jefes) los expedicionarios no eran gente "ilustrada". Pero recordemos que la lectoescritura –tomada como canal de acceso a "la cultura" en sentido básico– era privativa de muy pocos en el siglo XVI.

La educación era un fenómeno eminentemente urbano, y solo aprendían a leer aquellos cuya ocupación lo exigía: miembros del clero o la nobleza, funcionarios, mercaderes, abogados. Incluso las clases altas carecían de cultura. El libro era un objeto infrecuente, además de inaccesible. La imprenta acababa de inventarse y el número de ejemplares que circulaba entre la población europea sin estricta vinculación con las letras era mínimo.

España, sin embargo, era una de las potencias europeas que mayor honra había hecho de la palabra escrita. Su empeño (incluso excedido) en la redacción de leyes y reglamentos específicos, como los de Indias, tendía a generar una industria documental y comercial en sí misma. En ese marco, las crónicas de los adelantados españoles son un género excepcional, de alto valor, que además coincide e interactúa con una tendencia sociocultural de la época.

Resulta impresionante, por ejemplo, considerar que un navegante, además de astillero y soldado tuviera la capacidad escritural de un Ulrico Schmidl, Fray Bartolomé de las Casas, Antonio Pigafetta, Álvar Núñez Cabeza de Vaca, Pedro Cieza de León o Garcilaso de la Vega, voces inmensas pertenecientes a hombres de acción. Esta característica es notable en la conquista hispánica. Y gracias a ella, la historia pudo ser examinada con lujo de detalles.

Como futuros indianos, abuelos y tatarabuelos de criollos –de criollos que un día devendrán revolucionarios– los conquistadores son un desprendimiento cultural de la mismísima monarquía esclerosada, y su necesidad de estirarse, de delegar jurisdicciones, hasta de asumir, incluso, la falta de control central que esto implica.

Habita un espíritu independentista en el adelantado español, aun sin que él mismo lo sepa. En ciertos casos, ese deseo explota descontrolado. Lope de Aguirre, por ejemplo, y su viaje sin regreso, es un paradigma de esta pulsión irrefrenable.

HOMICIDAS Y DESESPERADOS

Las motivaciones para salir de España no se limitaban a un único afán de ascenso social o "huída hacia delante", como el caso de aquellos que tenían cuentas pendientes con la Justicia. En algunos, el objetivo aparente se redefinía en otras apetencias menos claras. Y lo hacía en las más opuestas direcciones. Pues hubo quien quiso volver a toda costa, aterrado por una dimensión que lo aterraba, lo hastiaba o enloquecía. Y hubo, también, quien deseó profundamente quedarse, a cualquier precio, en aquella tierra "virgen" que el propio Colón llegó a definir como "paraíso".

La búsqueda de la Fuente de la Eterna Juventud o del mítico Dorado, podrían suponerse desde este punto de vista excusas modulares que se intercambiaban en la fantasía ansiosa del expedicionario.

El adelantado navega con obstinación en pos de un destino. Transpira entre inhóspitos pantanos, arrastra, acorazado, sus estandartes y pendones por tierra firme en expediciones agotadoras, frecuentemente inciertas. Construye fuertes. Va y viene dando misas, fundando, prometiendo, informando al rey. A veces ocultando presentimientos. Conjetura íntimamente. En fin… es un ser laberíntico. Busca la cima, la desmesura del poder y la gloria. No se conforma con una ración temporal como el pirata o el corsario (esencialmente nómadas). Pero tampoco es un granjero, un *farmer* que solo quiere establecer granja, ganado y familia.

El adelantazgo, en efecto, es una figura compleja. Implica la concepción de un dominio previamente asignado por el rey, pero aun ajeno en la práctica. Supone luego ejercer la apropiación de un territorio al estilo medieval, con todo lo vivo que allí habite, pero también con el sometimiento de terceros a partir de una creencia y una razón cristiana, absoluta, irrenunciablemente ligada al poder monárquico.

La conquista aprehende tierras, animales, hombres. Y no necesariamente esclavos para su venta. La hispanidad conquistadora supone la apropiación de vidas con sus respectivas almas multiplicadas en la fe, en la obediencia, en la sumisión. Al menos, así es esto en el plano de la intención teórica.

Alguna vez, con voluntad didáctica y expresiva se ha comparado a los adelantados españoles con los astronautas del siglo XX. Cabe parcialmente la analogía: ambos se exponían a un medio, a una distancia, a un viaje con pocas o nulas certezas empíricas, desde un fuerte respaldo teórico. Una variable esencial marca la diferencia entre ambas clases de aventurero.

El astronauta lanzado al espacio es el mejor de los mejores, el más sano, el más entrenado. Quien viaja al espacio conjuga la escrupulosidad de un científico con la destreza del hombre pleno, en el cenit de sus facultades mentales, físicas y psíquicas. Basta, para confirmarlo, informarse sobre la capacitación que reciben en la NASA los futuros tripulantes.

El hombre que se lanzaba a la mar, a tierras desconocidas a través de océanos imprecisos, era un gran improvisador. Apenas, en el caso de ciertos oficiales, o de sus inmediatos, cabía una cierta preparación específica relativa a la conquista como "misión" propiamente dicha.

Estos viajes, en naves que promediaban 25 metros de eslora y solían superar la centena de miembros (dependiendo del tipo de embarcación), soltaban amarras expuestos a la furia climática, a mapas inconclusos, a creencias primitivas; no se parecen a "misiones" en el sentido estricto del término actual.

Otro factor importante para dimensionar respecto de lo anterior es, por ejemplo, la edad de los tripulantes. Si bien entre los capitanes y primeros oficiales había muchos jóvenes, no se extendía esta condición de lozanía y plenitud física al resto de la tropa. Los contingentes que integraron las empresas de conquista estaban constituidos por individuos cuyas edades fluctuaban entre los 30 y los 45 años. Eran, en realidad, personas ya maduras en una época en la cual se consideraba que alguien mayor de 40 años palpitaba su vejez. Tengamos en cuenta que la expectativa de vida en el siglo XVI arañaba las seis décadas promedio para un varón sano.

Aquellos bergantines, carabelas y galeones, arrojados al Atlántico iban desprevenidos ante enfermedades nuevas, hambre, hostilidades con los nativos, y el miedo mismo que emerge ante lo inesperado, minimizando defensas físicas y psíquicas.

En conjunto, si examinamos los datos y evaluamos estos contingentes, sus empresas parecen desafíos insensatos. Pero el conquistador asume una noción de providencia que lo impulsa. Esa predestinación que asume como portador del único y verdadero credo, lo protege más que su pesada caparazón metálica. Lo incentivan, además, las codiciadas "mercedes reales" que otorgará la Corona en reconocimiento a las acciones propias de un "Espíritu Caballeresco."

América se presenta en un mundo cambiante e incide con protagonismo poderoso en la evolución de Europa. Se discute la forma del mundo, la dimensión planetaria y también la dimensión humana. En dicho marco, estos hombres criados entre el medioevo y el renacimiento, precipitados a la inmensidad oceánica, llenos de sueños y fiereza, desde el trópico de Cáncer hasta Tierra del Fuego, protagonizaron aquel período tormentoso de "Conquista" que técnicamente comienza a fines del siglo XV y se extiende hasta mediados del XVI, cuando la creación de las capitanías y los virreinatos tiende a dispersar los poderes en conflictos internos. Entonces, la corona decidió consignar el nombre de "Pacificación" a la siguiente etapa. Aunque no era, en el fondo, una pacificación con los indios, sino con sus propios estamentos reales.

Lesley Bird Simpson, refiriéndose al Caribe, asegura que los hombres llegados a La Española en los primeros diez años:

> ...eran la más escogida colección de gentuza que nunca se juntó: ex soldados, nobles arruinados, aventureros, criminales y convictos. El que hubiera algunos hombres de ideas elevadas entre ellos no altera apreciablemente el panorama general, y su presencia, en cualquier caso, es solo una conjetura.[1]

Las afirmaciones de Simpson —y las de otros historiadores algo extremistas— son evidentemente parciales. Si nos remitimos, por ejemplo, al reclutamiento de las tropas a embarcar, encontramos situaciones significativas, como aquellos casos en los cuales las "huestes" se componían de un pueblo completo, autoconvocado para viajar, organizándose en una auténtica migración vecinal. A veces barriadas completas de una misma comarca o provincia llenaban un galeón o una carabela. En esas oportunidades los integrantes solían estar casi todos emparentados de un modo u otro. Era frecuente, también, que en dichos casos, la

---

[1] Simpson, Lesley B.: *Los conquistadores y el indio americano* (ver bibliografía).

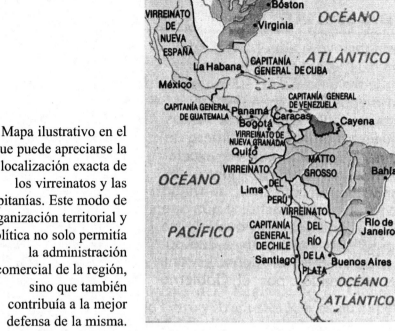

Mapa ilustrativo en el que puede apreciarse la localización exacta de los virreinatos y las capitanías. Este modo de organización territorial y política no solo permitía la administración comercial de la región, sino que también contribuía a la mejor defensa de la misma.

convocatoria se noticiara en los pueblos a son de tambor, mientras que los aspirantes podían inscribirse en la casa de un caudillo zonal.

Lo formal e informal se rozaban constantemente en la disposición de las flotas expedicionarias. Regían condiciones oficiales que la Corona imponía a sus súbditos para embarcarse a América: por orden de la casa de contratación estaban inhibidos ciertos grupos étnicos o religiosos, como gitanos, moros o judíos, pero también algunos profesionales de ramos específicos. Tal es el caso de los abogados, a los cuales algunos asesores reales defenestraban con particular saña, al considerar:

> ...dañina su profesión por influencia sobre los indios y colonizadores, su afición a los pleitos, su pasión por la trácala y su

capacidad de engullir bienes y fortunas en procesos interminables. [2]

Se ponían trabas a la incorporación de los no católicos o de personas cuya catolicidad fuera discutible, incluyendo, desde luego, herejes o penitenciados por la Inquisición.

Si se trata de aproximarnos al perfil pleno del expedicionario lanzado a América, la historiadora y ensayista argentina Lucía Gálvez nos brinda una excelente semblanza:

> La figura del conquistador español ha tenido tantos apologistas como detractores ¡Extraña psicología la suya! Vive acá, pero su mente está allá. Le interesan más los pleitos y las querellas con sus compatriotas que la realidad de los pueblos indígenas en que habita. Está mucho más pendiente de las cartas o cédulas que puedan llegar del otro lado del océano que de lo que sucede a diario. Aunque lo separen leguas y leguas de tierras y mar, sus pensamientos están más cerca de la corte que de la aldea en que vive. Después de muchos años, casados con españolas o criollas y con sus hijos mestizos o criollos crecidos en la tierra, parecen aclimatarse, pero siempre siguen pendientes de las escasas noticias que llegan de la metrópoli. Inculcan a sus hijos un respeto rayano en la idolatría por ese monarca al que muy pocos de ellos llegarán a conocer.[3]

Sumada a toda la epopeya marítima, subyace la estupefacción humana al confrontar con una nueva etnia. Desde ya, el español está preparado para la batalla y la conquista. Primero está el mandoble, luego el estandarte y recién después la curiosidad. Pero no desdeñemos esta última. El propio Colón encadena y traslada "ejemplares" ¿Hombres? ¿Monos sin pelos? ¿Eslabón perdido del moro oriental? ¿Cómo tratarlos? ¿Cómo combatirlos? ¿Cómo "pacificarlos"? ¿Cómo beneficiarse con ellos? ¿Dominarlos? ¿Escla-

---

[2]Baudot, George: *La vida cotidiana en la América Española en tiempos de Felipe II.*

[3]Gálvez, Lucía: *Las mil y una historias de América*, pagina 196.

vizarlos? ¿Convertirlos? ¿Extraerles sus riquezas? ¿Reconstruir el poder sobre sus propias bases? ¿Entenderlos? ¿Interpretarlos? ¿Exterminarlos? Todas estas preguntas orientaron distintos movimientos de la conquista y sus artífices.

LA MUJER CONQUISTADORA Y LA MUJER CONQUISTADA

Hasta aquí, al hablar de la conquista, nos hemos referido lógicamente a protagonistas varones. Pero… ¿Y las conquistadoras? ¿por qué decimos con tanta liviandad "lógicamente"? Partimos de una premisa, tal vez inconsciente: la exclusividad masculina en la tripulación ¿Acaso no hubo mujeres en la formación de estas expediciones? Sí que las hubo.

La tradición ibérica admitía una inserción importante de la compañera en la vida del esposo (notablemente mayor a la de la sajona, u oriental). De hecho, las damas peninsulares podían viajar a América sin necesidad de permisos especiales. Es sabido que la Corona alentaba la idea de que sus varones emigraran casados, a fin de mantener al hombre en sus cabales, fiel a las reglas del comportamiento civilizado.

Pero aquello no siempre era posible. La cantidad de mujeres europeas llegadas a América durante los primeros cincuenta años de la conquista no superaba el seis por ciento de la población embarcada. Dos décadas más tarde, sin embargo, se triplicó la participación femenina, alcanzando casi un veinte por ciento, en grupos que incluían casadas, viudas y solteras. El número, no obstante, pudo haber sido mucho mayor, considerando la superpoblación femenina existente en la Europa posmedieval como resultado de las multitudinarias guerras contra el invasor moro y la consecuente sangría de varones.

Gálvez pone de relieve a esa mujer pionera en la conquista y aporta pruebas poco reseñadas, como la propia correspondencia de época. Una carta de Isabel de Guevara, por ejemplo, quien llega a América con la expedición de don Pedro de Mendoza:

> A esta provincia del Río de la Plata, con el primer gobernador de ella, don Pedro de Mendoza, hemos venido ciertas mujeres, entre las cuales ha querido mi ventura que fuese yo la una. Y como la armada llegase al puerto de los Buenos Ayres con mil quinientos hombres y les faltase bastimento, fue tamaña el hambre que al cabo de tres meses murieron los mil. Esta hambre fue tal que ni la de Jerusalén se le puede igualar ni con otra ninguna se puede comparar. Vinieron los hombres en tanta flaqueza, que todos los trabajos cargaban en las pobres mujeres, así en lavarles la ropa como en curarles, hacerles de comer lo poco que tenían, limpiarlos, hacer centinela, rondar los fuegos, armar las ballestas cuando a veces los indios les venían a dar guerra… dar alarma por el campo a voces, sargenteando y poniendo en orden los soldados. Porque en ese tiempo, como las mujeres nos sustentamos con poca comida, no habíamos caído en tanta flaqueza como los hombres.

Mujeres indias, por el lado americano, nos sorprenden también con su inmenso protagonismo: la Marina o "Malinche" de Cortés, la Ananyasi de Balboa, la amada hija mestiza del loco Lope de Aguirre. La conquista, hay que decirlo, también fue sembrada y sangrada por mujeres.

En cuanto a la relación de las indias con los expedicionarios, su complicidad, una vez establecida (o "conquistada" por el blanco) estaba orientada al pequeño universo del hogar, de las relaciones personales, y no al de la comunidad en la que habían sido criadas. En consecuencia de lo cual, efectivamente, las indias integradas en el mundo de los españoles acababan traicionando, de ser necesario, a sus propios parientes y compañeros de aldea o tribu si se trataba de proteger a esos mismos invasores que las habían capturado y tomado para sí, una vez que se sentían integradas como "esposas" a esos señores barbados que las habían embarazado, dándoles hijos mestizos.[4]

¿Y la vida sexual? ¿estaba excluida de la conquista? No, en absoluto. Luego de aquellas duras travesías, no solo el cansancio, la sed y el hambre se acumulaban en las tripulaciones, sino también el desasosiego propio del varón sin premio, sin caricias, sin el alivio femenino que solía faltar, especialmente en las primeras expediciones al Nuevo Mundo. El expedicionario en general carecía de contacto frecuente con el sexo opuesto y acababa necesitándolo como el agua.

El varón español no era buey de lamerse solo y las largas empresas demostraban que el hombre no batallaba bien si no saciaba su sed con compañía. En respuesta a tal demanda evidente, las flotas comenzaron a ser equipadas en consecuencia. Así, a bordo de aquellos contingentes, como bien destaca Herren en su *Conquista erótica* pronto se incorporaron las prostitutas –ubicuas protagonistas de la historia de la humanidad:

> En agosto de 1526, dos reales cédulas, firmadas por el secretario del emperador y por tres piadosos obispos (los de Osma, Canarias, y Ciudad Rodrigo), autorizaron la instalación de sendos lenocinios en Santo Domingo y en San Juan de Puerto Rico con mujeres que, al menos parcialmente, eran blancas. Según Pérez de Barradas, en 1516, el secretario del rey, Lope de Conchillos, tenía en Santo Domingo diez o doce mozas desempeñándose como prostitutas. Hacia fines del siglo, en la rica Potosí había hasta 120 profesionales del amor pago, en buena parte europeas, para servicio de los señores que desdeñaban ayuntarse con indias o mestizas. Esclavas blancas, principalmente moriscas, fueron enviadas legalmente a partir de

---

[4]Herren, Ricardo: *La conquista erótica de las Indias* (ver bibliografía).

1512 a América para que casaran con los españoles que se negaban a mezclar racialmente su descendencia legítima.[5]

En cuanto a la propia nativa americana, también apaciguaría las masculinas fiebres ibéricas, según dan cuenta testimonios varios, entre los cuales destacamos el de un pintoresco personaje llamado Michele de Cuneo, –tripulante de Colón, original de una familia de comerciantes savonesa– que devino cronista y esto decía en sus *Relaciones*:

> Nos apoderamos de doce mujeres bellísimas y de buenas carnes de edad entre quince y diecisiete años y de dos mozos de igual edad. Éstos tenían el miembro genital cortado a raíz del vientre y juzgamos que sería porque no se mezclaran con sus mujeres o, de otra manera, para engordarlos y comérselos más tarde. Los mozos habían sido apresados por los caníbales que hacen incursiones en la isla. Nosotros los enviamos a los reyes, a España, como una muestra de aquellos habitantes.

Más adelante, agrega Cúneo, completando una idea visceral de las relaciones carnales:

> Como yo estaba en el batel, apresé a una caníbal bellísima y el Señor Almirante me la regaló. Yo la tenía en mi camarote y, como según su costumbre estaba desnuda, me vinieron deseos de solazarme con ella. Cuando quise poner en ejecución mi deseo ella se opuso y me atacó en tal forma con las uñas que no hubiera querido haber empezado (…) Pero así las cosas, para contaros todo de una vez, tomé una soga y la azoté de tal manera que lanzó gritos inauditos como no podríais creerlo. Finalmente nos pusimos tal forma de acuerdo que baste con deciros que realmente parecía entrenada en una escuela de rameras.

---

[5]Herren, Ricardo: Op. Cit.

De este modo representó Teodoro Bry a la práctica del canibalismo. A los españoles este tipo de conducta no solo les resultaba curiosa, sino que también les infundía miedo.

Pero no todo serían abusos y sometimientos. Hubo múltiples formas de relación entre el español y la nativa, cada cual más extraña y variada.

Está el caso de Cortés, por ejemplo, que queda enamorado de su "Malinche" y esta se convierte en su compañera y con quien incluso tendrá un hijo, Martín Cortés. En la historia de México la imagen de Malinche se transformará en un símbolo del indio seducido y abandonado, dando lugar al término "malinchismo", con el que se señala la entrega a lo que viene de fuera y la incapacidad para valorar lo propio.

Asimismo, consta el escalofriante episodio de Aguirre, que se adjudica el papel de verdugo de su propia hija mestiza, Elvira, para evitarle (según la relativa certeza que lo guiaba) una inminente violación a manos de sus captores.

Por el lado inverso de la trama, hay personajes como Jerónimo de Aguilar, clérigo de Écija, que habiendo sido apresado por los indios, da tan sobradas muestras de insobornable castidad, que los aborígenes lo destinan a cumplir funciones como cuidador de sus mujeres.

Las pestes y sus efectos de destrucción masiva

La multitudinaria superioridad numérica indígena, cuya población era 100 veces mayor al momento de iniciarse la conquista nos lleva a preguntas insoslayables: ¿Cómo hicieron –en las primeras instancias expedicionarias– un par de cientos para someter a decenas de miles? Acero y pólvora fueron, qué duda cabe, catalizadores de la victoria blanca. Pero esta interpretación resulta insuficiente para explicar el predominio español.

La extraordinaria capacidad extensiva de las conquistas españolas y el éxito con que unos pocos centenares de hombres se aseguraron el control de enormes territorios y millones de personas, no serían del todo comprensibles sin el desequilibrante factor sanitario que se pondría en juego.

Previo a la llegada del europeo, la población americana superaba los cien millones de habitantes. De esa cifra, casi treinta millones correspondían a México y otro tanto a las civilizaciones andinas; hacia 1568, la población de México central, conquistada, apenas sumaba unos tres millones de indios.

En solo cinco décadas desaparecieron 27 millones de miembros de una cultura tan avanzada, nutrida y organizada como la azteca. ¿Cómo explicar semejante merma? ¿Cuánta pólvora y acero requería semejante exterminio? Sin duda, mucho más del que poseían, ya no los españoles, sino Europa entera. Esa, entonces, no fue la variable fundamental de la reducción poblacional, ni del sometimiento del indio.

El principal elemento de la desintegración de la población amerindia es, según las estadísticas actuales, el de las enfermedades, en el nivel de una pandemia múltiple. En 1518 se presenta uno de los casos más dramáticos en tal sentido, cuando la viruela llega a la isla de La Española, y fulmina a la población india a tal punto que, según los números que manejaba Fray Bartolomé de Las Casas, solo sobrevivieron un millar de nativos.

Desde La Española, la viruela viajó a México, llegando con la expedición de rescate que se unió a Cortés en 1520. La peste "migrante" actuaba de manera selectiva. La mayoría de los españoles eran inmunes por haber padecido la enfermedad o por mayores defensas inmunológicas que aún se estudian.

La reducción de la población indígena, por otra parte, fue un factor clave, incluso cuando los propios colonos europeos preferían mantener vivos a la mayor cantidad de cautivos posibles (en tanto y en cuanto no escasearan los víveres) para explotar su fuerza de trabajo o traficar con ellos como esclavos.

Un caso similar al que mencionamos más arriba es el que tiene por protagonista al emblemático Pizarro en Perú. Paradójicamente, podría decirse que la peste le "preparó el terreno" al ambicioso extremeño: la misma epidemia de viruela que favoreció a las huestes de su colega Hernán Cortés, se expandió desde el territorio azteca, llegando hasta la actual zona de Guatemala, donde apareció en 1520, y se ramificó hacia el sur, azotando a la población Inca desde 1520 con mayor rudeza.

Para el incario, en todos sus aspectos, la viruela fue fatal. Desató un verdadero colapso. En palabras del historiador norteamericano William McNeill, gracias a esa disolución generada por la enfermedad: "Pizarro y su puñado de matones se abrieron camino hasta Cusco y saquearon sus tesoros sin encontrar ninguna resistencia militar seria."[6]

En la mirada de McNeill, además, españoles e indios coincidían en que la enfermedad epidémica era una forma especialmente terrible e inequívoca de castigo divino. La interpretación de la pestilencia como signo del desagrado de Dios formaba parte de la herencia española y estaba enraizada en el Antiguo Testamento y en toda la tradición cristiana. Los indios coincidían con ellos, al carecer de experiencia en algo que remotamente se pareciera a la serie inicial de epidemias letales. Sus doctrinas religiosas reconocían que había un poder sobrehumano depositado en divinidades cuya actitud hacia los hombres era a menudo de enojo: era lógico que asignaran un efecto sin precedentes a una causa sobrenatural. Por otro lado, también es cierto que los misioneros españoles se esforzaban por inculcar esa misma interpretación de la catástrofe a los pobres indios, frágil y confusamente conversos, tan débiles ya, como desmoralizados.

La idea manifiesta de la parcialidad divina a favor de los invasores resultó decisiva y convincente para ambas partes. Los dioses de los aztecas, al igual que el Dios de los cristianos, parecían coincidir en que los invasores blancos contaban con el favor divino en todo lo que hicieron. Y mientras Dios parecía favorecer así a los blancos, independientemente de su mortalidad, su piedad o la falta de ella, la ira divina caía sobre los indios con una crueldad implacable que a menudo intrigaba e incomodaba a los propios misioneros cristianos que pronto se hicieron cargo de la vida moral y religiosa de sus conversos a lo largo de las fronteras del dominio español en América.

La asombrada aceptación de la superioridad española parecía entonces la única respuesta posible, y por escasos que fueran los hombres blancos, todo les daba la victoria. ¿Aquellas estructuras

---

[6]McNeill, William *Plagas y pueblos* (ver bibliografía).

ancestrales de autoridad nativas se resquebrajaban a causa de un fenómeno sanitario?: "...los antiguos dioses parecían haber abdicado. La situación estaba madura para las conversiones en masa tan orgullosamente consignadas por los misioneros cristianos".[7]

ARMAS Y PODERES DE LOS DIOSES BLANCOS

Entre las explicaciones acerca de por qué Europa dominó tan rápidamente a América, sin duda está –además de los factores sanitarios, culturales, etc.– la cuestión estrictamente militar.

Para empezar a revisar las condiciones bélicas concretas que marcaron dicha dominación, conviene recordar que los españoles, como la mayoría de los europeos, eran más violentos que el promedio de los pueblos que conquistaron. En las poblaciones navales, todos, o casi todos manejaban armas y tenían experiencia en la guerra como un hecho cotidiano anterior a la conquista. Entonces, si bien la mayoría numérica de los indios con respecto a los españoles era descomunal, no resultaba tan desigual el porcentaje de "guerreros" en cada bando.

Asimismo, la permanente conflictividad con el moro obligaba al Estado ibérico a mantenerse afilado, en una constante superación tecnológica ofensiva y defensiva. El indio, en cambio, apenas reproducía rencillas fronterizas menores, siempre con las mismas armas artesanales.

Por parte del indio, quizás las flechas envenenadas hayan sido el único recurso con un efecto desconcertante similar al del metal y el fuego que blandían los hispanos. La fulminante toxina en las saetas sorprendió con creces al blanco invasor, que quedó inicialmente descolocado ante dicha "tecnología" química, cuyos efectos inmediatos impresionaban, incluso, con visos diabólicos.

---

[7]McNeill, William: Op. Cit.

Aunque la superstición no lo intimidó completamente.

A la larga, superó el espanto y lo compensó con otros vastos recursos.

¿Cuáles eran las principales armas distintivas que los conquistadores traían de Europa y determinaban superioridad?

La espada fue, en principio, el instrumento ofensivo por excelencia del caballero. Cuanto más importante este fuera, mejor templado estaría el acero de su mandoble. Dicha pieza –ancestral y eficaz durante varios siglos– tuvo un papel vital en la conquista. Sin embargo, las ballestas –menos gallardas y heroicas– resultaron más determinantes a la hora de diezmar al aborigen enemigo.

Muy bien desarrollada a comienzos del siglo XVI, la ballesta se venía perfeccionando desde la Baja Edad Media, y sus versiones mejoradas permitían excelente aniquilación a distancia. Esto daba una ventaja clave ya que muchos pueblos indígenas, especialmente los del norte, no manejaban el arco y la flecha (contra la idea errónea que relaciona a cualquier aborigen con una cimbra tensada) y su única posibilidad de combatir a distancia era la lanza, arrojada con la mera fuerza del brazo, sin demasiado alcance.

Entre las de puño, la ballesta fue, además, el arma del soldado común, a diferencia del mosquete. Cabe aquí otra salvedad contra cierta creencia popular: los españoles no llegaron a América cargados de pólvora y pistolones. Las armas de fuego manuales estaban muy estratégicamente asignadas, pues todavía eran un elemento costoso y complejo de mantener; la pólvora se humedecía y muchas veces fallaba el disparo.

Para tener una idea más clara del uso de arcabuz, mosquetes, y mosquetones hay que imaginar que los mismos se empleaban con usos específicos y definidos, cual cañones. Digamos que no existía lo que unos siglos más tarde se definiría militarmente como "tiro a discreción": instancia en la cual los soldados disparan todos a la vez, al bulto, apostando al poder de fuego por cantidad, más que por calidad, facilitados por la posibilidad de rápida carga y descarga.

El arcabuz era más pesado y primitivo que el mosquete; el cual acabaría reemplazándolo. A tal punto era poco versátil esta versión básica del arma de fuego manual, que los primeros arcabuces requerían un soporte para poder ser disparados. Más tarde se les aplicaron ciertas mejoras; culatas más largas y una curva que permitía detonarlo apoyándolo en el hombro. Hacia finales del siglo XVI, el arcabuz, en Europa, fue definitivamente sustituido por el mosquete.

Entre las huestes conquistadoras también cumplían un papel importante armas defensivas, como las "adargas" que eran escudos generalmente de cuero y madera que usaba el soldado común. O las rodelas; otro tipo de escudo más pequeño que la adarga, redondo, para aferrarse al brazo izquierdo, compañero por excelencia en la lucha con espada.

En el rubro de la defensa, también se inscriben clásicamente casco y coraza de hierro, tan frecuentemente reproducidos en las ilustraciones habituales. Los portaban casi todos los miembros de la tropa y su calidad y resistencia era proporcional al rango del guerrero en cuestión.

Aquel par de elementos que suele describirse en conjunto como "armadura" (eventualmente se complementaba con protecciones en las piernas, hombros y antebrazos) tuvo una incidencia inicial importante contra flechas y lanzas.

Sin embargo, la depurada tecnología textil de las civilizaciones andinas, que admitía tejidos de hasta 500 hilos por pulgada estructurados en capas sucesivas, permitía desarrollar excelentes armaduras de tejido acolchado, las cuales finalmente fueron adaptadas por los españoles, quienes las encontraron más prácticas, versátiles y cómodas respecto de la antigua chatarra sofocante,

La lucha abierta entre aborígenes y españoles era terriblemente desigual, pero a pesar de las diferencias tecnológicas los nativos representaron un poderoso contrincante para los europeos.

disfuncional en los pantanos, bosques, ríos y montañas del Nuevo Mundo.

En suma, arcabuces y otras armas ígneas, si bien causaban impresión, eran pocas, y muy lentas de recargar. Superado el pánico reverencial que pudieran sentir los indios ante la estampida, la batalla se definía cuerpo a cuerpo. Las ballestas primero, las espadas, cuchillos y armaduras después, demostraron mayor efectividad que la pólvora, en lo que hace a armas de mano. Pero claro, todavía no nos hemos referido a la artillería con mayúsculas.

Si hablamos de armas no podemos olvidarnos de los reyes de la época: los cañones. Eran las estrellas del combate y proliferaban en distintas formas, tamaños y modelos. Todos ellos pertenecían a lo que se ha dado en llamar "período de las bombardas", correspondiente a la primera generación de artillería marítima con que contaba España y que aplicaría tanto en sus guerras europeas como en la conquista.

Sorprende la diversidad de artillería "pesada" que llevaban los españoles, especialmente considerando que aun piezas del mismo nombre y calibre podían no ser iguales, ya que las características de cada una de ellas dependían del capricho de su constructor. El abastecimiento de esta artillería era complejo y por tanto, expuesto a verse interrumpido en plena acción.

Para ubicarnos en un punto específico y nombrar algunos modelos (que no viene al caso describir, pues llevaría un volumen aparte hacerlo) repasaremos dos períodos al respecto. Entre los reinados de Carlos I y Felipe II, se establecieron cinco clases de cañones y "medios cañones" a saber: culebrinas y medias culebrinas; sacres y medios sacres, y falconetes. En estos grupos se contemplaban piezas que iban desde las siete hasta las cuarenta libras.

Pero no solo de objetos se componía el arsenal de recursos españoles. Hubo un factor clave que aterrorizó a los aborígenes incluso más que la pólvora: los animales europeos. En particular, dos tipos de mamíferos desconocidos para el aborigen cumplieron un rol clave en la invasión.

Los "Viracocha" –esas deidades que los incas deseosos de creer habían proyectado inicialmente en el hombre blanco– llegaban al Nuevo Mundo con anatomías dobles y "desmontables" La mitad de arriba, cubierta de barbas y corazas desconcertantes. La de abajo, en cuatro patas vigorosas que daban altura y velocidad: los caballos son, se diría, los genuinos conquistadores de América.

Para completar el deslumbrante cuadro, aquellos equinos (valga la paradoja, de origen asiático) iban frecuentemente "aderezados" con borlas y cascabeles, lo cual los hacía doblemente aterradores. La agilidad estratégica (carga, desplazamiento, etc.) que dio el caballo hispano fue, en suma, absoluta, y su presencia, un elemento indisociable de la conquista. Difícil resulta imaginar cómo hubiese sido la historia americana sin esta participación.

Aludimos más arriba a "dos tipos de mamíferos". En efecto, si de "armas vivas" se trata, la cuestión no termina en el caballo. ¿Y a qué otro cuadrúpedo podemos referirnos sino al "mejor amigo del hombre" (del hombre español, en este caso)? Los inefables perros, siempre más hambrientos que el soldado, también hicieron su aporte: en varias oportunidades fueron usados para rastrear y atacar indios dentro de la selva y los bosques. ¿Hace falta decir cuál era el premio de un buen lebrel rastreador?

Pedrarias, Mendoza, y Vasco Núñez de Balboa mantenían alimentados a sus mastines, cebándolos con carne humana y ejerciendo esta actividad casi como un deporte paralelo a la guerra. Los canes se embarcaban ya entrenados en la caza humana desde Europa, donde se los usaba para perseguir fugitivos de la Justicia. Se ignora cuáles eran las razas específicas de entonces, pero viajaban los mismos perros que los señores feudales solían incorporar a las cacerías en sus dominios y en este sentido, la situación era muy similar.

Finalmente, trascendiendo cuestiones estrictamente militares, pero inherentes a lo mismo, dice Arciniegas con acierto:

> La fórmula de defensa es el milagro. Y cuanto más absurdo, más lindo es el milagro. Acaso el absurdo, como convicción de superioridad indiscutible, en materia de fe y de certezas, a pesar de la formidable inferioridad numérica, haya tenido mucho que ver en la victoria española.

Frente a la diferencia poblacional que tanto hemos aludido, un recurso estratégico interesante que incorporaron los conquistadores fue la costumbre de "alardear" o magnificar el aspecto numérico de la tropa. El engaño consistía en engrosar la formación con indios disfrazados de hispanos que se entremezclaban planificadamente con la hueste blanca.

Los "alardes" lo eran a la fuerza (prisioneros de otras batallas) y en tal caso, silenciados y hasta amarrados de manos, o bien podía tratarse de guerreros de tribus aliadas, que preferían combatir camuflados para huir sin ser reconocidos y evitar represalias posteriores, en caso de derrota.

LAS "EMPRESAS" DE CONQUISTA

> La causa principal a que venimos a estas partes es por ensalzar y predicar la fe de Cristo, aunque juntamente con ella se nos sigue honra y provecho, que pocas veces caben en un saco.
>
> Hernán Cortés

En la síntesis castellana, el adelantado era un guerrero avalado por un monje que debía respetar, en teoría, ciertos principios piadosos respecto del indio. Más allá de su cumplimiento efectivo, había un reglamento escrito en defensa de la naturaleza humana del indio, lo cual representa una originalidad en la práctica conquistadora: otra diferencia frente a los sajones, quienes no contaban con ley alguna que regulara la matanza o la esclavitud; la aplicaban como una medida técnica en el marco de los beneficios comerciales que les reportara.

Sería ingenuo, no obstante, negar que la causa esencial –el móvil– de la conquista de América es material por excelencia. No resulta azaroso, pues, en este análisis el uso del término "empresa" con su doble acepción, en cuanto "tarea" o "misión" y a la vez "sociedad comercial". ¿Cómo se organizaron, entonces, estas empresas militares, religiosas, pero fundamentalmente comerciales?

La mayoría de las expediciones que se consignan históricamente en el marco de la conquista de América, fueron realizadas a partir de la iniciativa privada. Es decir, mediante contratos (capitulaciones) establecidos entre el rey –o sus representantes– y un particular. En dicho convenio, el inversor quedaba autorizado por el monarca a conquistar, con los blasones de la Corona y bajo un conjunto de condiciones, un territorio concreto en un plazo determinado.

Cada operación implicaba su organización previa seleccionando un contingente de hombres con distintas especialidades, al frente del cual se asignaba un jefe (capitán), quien recibía del rey diversos títulos posibles en función de la dimensión de la empresa: gobernador, adelantado o capitán.

El rey, por su parte, prometía la exención de tributo, la donación de tierras y solares en las futuras poblaciones, y la promulgación de derechos y libertades al modo de los existentes en Castilla. Su majestad solo estaba obligado a conceder estas mercedes en caso de que la expedición de conquista terminase exitosamente, es decir, a posteriori. Aunque pudiera parecer que la Corona quedaba relegada y apenas intervenía en la conquista, en la práctica se reservaba para sí importantes herramientas de intervención.

La "capitulación de conquista" determinaba claramente que los territorios conquistados pertenecerían a la Corona, no al inversor. Por otro lado, las concesiones, siempre flexibles, permitirían a la Corona orientar y organizar la ocupación de territorios en función de sus intereses estratégicos como Estado. Aquí, la figura del "veedor" –funcionario real, que velaría por el cumplimiento de las consignas y la asignación al rey de su parte del botín– constituía una inserción clave en el manejo de la expedición y sus posteriores informes.

Lo cierto es, pese a todo, que una vez avanzada la flota en altamar, a miles de kilómetros de distancia, era el jefe a cargo de la misión (capitán, adelantado, o eventualmente gobernador) quien conservaba realmente un poder, por otra parte, casi ilimitado. Razón por la cual dependía de su propia personalidad y carisma como elementos sustanciales en su éxito.

Al cabo de las primeras misiones exitosas algunas empresas de la conquista empezarían a realizarse "a crédito" y los protagonistas se endeudarían bajo documentación que los comprometía a pagar con la riqueza que calculaban apropiarse en metales preciosos, esclavos o especias.

"La empresa conquistadora" se constituía con un capital privado y un capital estatal. El capital privado lo aportaba un grupo dentro del cual se incluían generalmente el capitán conquistador, encomenderos, clérigos y mercaderes. Navíos, armas, implementos de combate, etc, requerían dinero contante y sonante, o en su defecto oro macizo. Metal que, desde luego, los inversores confiaban en multiplicar, a veces considerando incluso que lo traerían tanto o más puro y brillante, en cantidad y calidad desde las entrañas de la propia América virgen.

Entender la clave de este sistema implica advertir un detalle central: el capital estatal respaldado por la autorización real para entrar en sus dominios (que se materializaba monetariamente en el pago del quinto del botín, conocido como "quinto real") era, "en realidad" (valga el juego de palabras) un capital relativo. Para el rey, la prioridad era incrementar tierras conquistadas y fortalecer su poderío frente a las restantes Coronas europeas; este posicionamiento le redituaría, a la larga, mayores ganancias concretas que "el quinto".

Finalmente, existía también un capital menor, pero no desdeñable: el que ponían, a veces, los propios soldados enrolados, aportando eventualmente su equipo y provisiones. Por su trabajo a bordo y en combate, estos aventureros percibían una parte del botín proporcional a lo que habían arriesgado.

El fino y complejo entretejido político, financiero y humano que implicaba lanzar a la mar una empresa tan ambiciosa como la de la conquista, presentaba, como contraposición, un no menos intrincado juego de relaciones, poderes y astucias a la hora del reparto.

De Civitate Orbis terrarum es el nombre de esta obra en la que George Braum representó el momento en el que se procedía a la contratación de los hombres que integrarían las tripulaciones de las naves que partían con destino al Nuevo Mundo.

Otra vez, acudiendo a la comparación: si los piratas recurrían a formas espontáneas y establecidas de distribuir su botín (nómadas por excelencia, tenían establecida una modalidad fija al respecto para poder seguir la marcha y cerrar rápidamente estos asuntos), los conquistadores eran más caóticos en esta materia.

La razón es que en las huestes hispánicas convive un calidoscopio de intereses móviles, que se van reacomodando a medida que se desarrolla la expedición. La intemporalidad genera esa suerte de acefalía parcial latente. Y la política, de menor a mayor, de mayor a menor, dilata los reglamentos ideales, acomodándolos a las circunstancias fácticas.

A su vez, el botín es parte de aquellas dilaciones que, pese a todo, también funciona como el combustible inmediato por el cual avanza la maquinaria de la empresa. Se trate de alimento, metales preciosos, joyas, mujeres, esclavos (las encomiendas, en la práctica, eran una figura eufemística de la esclavitud); toda presa es un elemento de definiciones, de energía, de fuerza.

La Corona, a pesar de la declamación documental, aprovechaba este factor móvil y hasta lo estimulaba solapadamente.

Distinto era el caso del humilde aventurero que si ingenuamente se sentía "socio" en un principio, acababa recibiendo migajas. La "parte del león" solía quedar en manos de unos pocos, muy hábiles, y no necesariamente más sacrificados o valientes. Pero en esto no difiere la historia conquistadora de la de la humanidad entera.

Se añadían a la travesía expedicionaria otros incentivos potenciales. Los rescates de personajes principales entre la población aborigen eran una tajada que también despertaba interés en los conquistadores.

El recurso del secuestro extorsivo se implementó en América a partir de la conquista de México. Consistía, como en cualquier secuestro, en exigir una gran suma al jefe indígena apresado, a cambio de la supuesta libertad (que rara vez se concedía). En este sentido, la memoria popular encontrará un paradigma en el caso de Moctezuma o Atahualpa a manos de Cortés y Pizarro respectivamente, pero la lista es extensa.

Otro recurso sumamente rentable eran las encomiendas, que se llegaron a administrar y coordinar como una verdadera fuente de ingresos constante y fluida hacia las arcas del conquistador.

El capitán de las huestes invasoras, devenido gobernador por obra y gracia de una conquista exitosa, adquiría un poder fenomenal sobre las vidas de los indios, a partir de lo cual obsequiaba a sus antiguos compañeros con "encomiendas" de indios a su entera disposición; es decir, trabajadores gratuitos para todo servicio (labrar la tierra, cuidados personales, etc.). Este beneficio era moneda de cambio; se otorgaba en devolución de favores, para asegurarse fidelidades específicas o como premio por el coraje demostrado en combate.

Así, según analizamos hasta aquí, todo factor aislado resulta parcial para explicar la conquista. Este es el resultado de una conjunción orgánica, de variables entrelazadas entre las cuales operan, fundamentalmente, los hombres. A algunos de ellos en particular nos dedicaremos a continuación.

Capítulo II
El jugador cortés

Hernán Cortés es un caso emblemático del conquistador extremeño. Fuerte. Sólido. Audaz. Pero cuenta con un plus cerebral y cultural. Su campaña y su política conquistadora lo revelarán como digno émulo de su coetáneo Nicolás Maquiavelo.

En la múltiple combinación que conjuga Cortés, no responde a lo "desesperado" que alude el Manco de Lepanto[8], pero sí –y con todo lo que ello implica– hay mucho en él de "jugador", y en cierto modo de escapar hacia delante. Esto mismo que Cervantes condena (y en el fondo el propio escritor practica) pone a Cortés en ventaja frente a sus competidores, que los tiene y muchos.

Bautizado formalmente en 1485 como Fernando (o Hernando, o Hernán) Cortés Monroy Pizarro Altamirano en Medellín

---

[8]Ver epígrafe Cap. 1 *Los conquistadores* en este volumen.

(Badajoz), hijo del hidalgo Martín Cortés y de Catalina Pizarro (extremeña de Trujillo; pariente de Francisco Pizarro), fue enviado a Salamanca poco antes de cumplir los quince años de edad. Le habían destinado la carrera de derecho, básicamente para dotarlo de algún recurso profesional que le abriera puertas a la vida mundana.

A pesar del empeño de sus padres, fue poco el tiempo que Cortés mantuvo pies en tierra y mucho menos en las aulas. Aquel joven inquieto no llegaría a legista, pero sí a legislador, a su manera.

Sus biógrafos se han visto beneficiados por la parcial educación que recibiera el joven Hernán: su temprano –irregular, pero efectivo– conocimiento de las letras, el latín, los romances y la historia, le permitieron expresarse con excelente estilo en testimonios escritos, en sus célebres crónicas y famosas *Cartas de relación*.

En materia de adelantazgos y abordajes, Cortés ya era un conquistador vocacional antes de aventurarse al mar. Desde muy joven, su norte eran las mujeres. De su juventud se recuerdan juergas, deudas, inestabilidad afectiva y financiera, pero esos vicios urbanos son apenas una muestra de su vitalidad. Pronto su hedonismo encontrará el lenguaje de la práctica pública en el ejercicio del poder. Aunque en cierto modo escondía el espíritu romántico del artista y parece expresar en vida lo que declaraba Salvador Dalí, respecto de sí, cuatro siglos después: "Jugando a ser un genio, me convertí en mí mismo".

El mandato académico impulsado por sus padres resultaría, en efecto, incompatible con su avidez de acción. Era un ser de hechos, de experiencias, más que de abstracciones. Practicó de oficio como escribano en Valladolid. Inició en Salamanca sus estudios de gramática y al cabo de un tiempo aprendió el latín y algo de leyes. Durante los dos años que permaneció en la universidad vivió en casa de su tía Inés de Paz, esposa de Francisco Núñez Valera.

Hernán Cortés fue uno de los conquistadores más importantes que llegó al Nuevo Mundo. Como el resto de los hombres que viajaron de España a América, la riqueza y el ascenso social eran el motor fundamental para involucrarse en semejante empresa.

Francisco López de Gómara, capellán de la casa de Cortés describe cómo el adolescente abandonó totalmente los claustros y volvió a su Medellín natal, reconociendo que sus progenitores se resignaron, aunque con cierto dolor, a lo que comprendían irreversible: "Mucho pesó a los padres su venida y se enojaron con él, porque dejaba el estudio, quienes deseaban que aprendiese leyes, facultad rica y honrada entre todas las otras, pues era de muy bien ingenio y hábil para toda cosa…".

Como parte de su formación cultural, aquel poco conocimiento adquirido, aun parcial, le facilitó acceso a destinos más emocionantes que las escribanías. En concreto, antes de cumplir los diecisiete años abandonó los estudios para siempre y apenas cumplidos los 19 haría su primer viaje interoceánico.

¿Cuál es el motivo fundamental por el cual Cortés se embarca a América? Resulta difícil saberlo a ciencia cierta, puesto que la psiquis humana es insondable. Pero consta en los registros, en cambio, que el muchacho hubo de insistir. Su viaje al Nuevo Mundo no fue cuestión de un capricho pasajero, ni fácil la tarea del embarco. Merodeaba la partida. E incluso, quizás, "se jugaba" en contra, sin saberlo.

¿Cómo es que Cortés decide un día lanzarse a la aventura, tiene fecha establecida, equipaje preparado, y sin embargo la nave que ha de transportarlo a las Indias zarpa sin el? una cuestión pasional y secreta se yergue sorpresivamente de por medio.

Dicen que paseando por Sevilla, don Hernán entabló conversación con una mujer bastante mayor que él. La dama, entusiasmada con el joven galán, lo invitó a un encuentro en privado, en su propia casa. Al llegar horas más tarde al solar, según lo pactado con la señora, el aspirante debía evitar la puerta grande, pues la implícita picardía de la cita impedía a Cortés hacerse anunciar por los criados como un visitante normal, o amigo de la familia. Así las cosas, para llegar a la recámara, el Romeo tenía que saltar la tapia de aquella "mansión muy principal".

Va entonces muy presto el inexperto hidalgo a consumar su encuentro, y tiene allí un accidente. Al trepar el alto portón enrejado correspondiente a la puerta de servicio, queda atorado en una de las barras, a varios metros del suelo, y se derrumba sobre el pasto con puerta y todo.

Sale el ardiente mancebo muy malherido de aquel trance, con gran cantidad de fracturas óseas y una postración temporal profunda. Lo llevan a un "algebrista", (especialista de la época en cuestiones relativas al esqueleto humano), y el profesional prescribe reposo absoluto.

Al escuchar diagnóstico y tratamiento, el aspirante a semental rompió en llanto y maldijo su condenado vicio de mujeriego. Tenía confirmado el viaje a las Indias con Nicolás de Ovando para la semana siguiente. Su temeridad, la misma que en otras oportunidades le abriría horizontes y victorias, esta vez le jugaba en contra y postergaba sus planes.

Así, el viaje iniciático de Cortés hacia América, fracasó. Se le escapó de las manos. Quedó en tierra, llorando como un niño, reprochándose la imperdonable negligencia que lo dejaba fuera de aquella primera oportunidad.

Quién sabe qué hubiese sucedido de subir Cortés a ese barco. Acaso de embarcarse sin ese aprendizaje fundamental, sin esa lección previa hubiese mantenido una deuda con la templanza necesaria para acometer otros derroteros en el transcurso de su agitada expedición. Quizás aquel hecho marca una inflexión en la vida y la mentalidad del extremeño, todavía muy joven, flexible, permeable al aprendizaje.

Hubieron de transcurrir un par de meses para que el fallido amante se restableciera y finalmente sí, embarcara. Ya no con Ovando, sino en una nave fletada por Alonso Quintero.

Finalmente, el destino lo ponía en el Nuevo Mundo, más precisamente en La Española (actual Santo Domingo) cabeza de playa del imperio español; embajada de sueños, ojo del huracán exploratorio en América.

MUNDO NUEVO, VIDA NUEVA

Restando importancia a la trunca condición académica de Cortés, Salvador de Madariaga, biógrafo del extremeño, pone de relieve su aptitud para las letras igual que para las armas; destaca su asombrosa capacidad para hallarse siempre presente donde le conviene y su inteligencia:

> ...una mano maestra para manejar hombres, una mente maestra para manejar cosas; el don de expresión, en la acción, adaptando el acto al momento, en el pensamiento, adaptando la palabra a la ocasión, siempre a tiempo; y finalmente la ojeada rápida y la garra potente del águila: uniendo así en su compleja personalidad el águila y la serpiente, símbolo a la vez del pueblo que estaba destinado a conquistar y del dios Quetzalcoatl o Serpiente Alada que para aquel pueblo encarnó.[9]

Diecinueve años de edad tiene el precoz Hernán al llegar a La Española, al sureste de Cuba y al oeste de Puerto Rico. Su primer destino es uno de los más altos exponentes del inmenso archipiélago. Allí mismo, donde Colón había puesto nombre y estandarte, se concebían varios mundos mezclados. Es decir, no solo el de los nativos y el de los recién llegados, sino todos los subconjuntos que van tejiendo las alianzas del blanco hispano. Cabe en ese contubernio de hombres barbados una pintoresca galería humana. Así lo ve

---

[9]Madariaga, Salvador: *Hernán Cortes* (ver bibliografía).

en su implacable *Biografía del Caribe* el autor colombiano Germán Arciniegas:

> ...¿quiénes están creyendo que van a ser los gobernadores? En las noches claras de Santo Domingo platican sobre estas cosas tipos muy diversos; ahí está Juan de la Cosa, cosmógrafo, que anduvo con Colón y Bastidas, y luego se ha hecho a la mar por cuenta propia; es de los pocos que saben de velas; su nombre lo recordarán los siglos porque ha hecho el primer mapa del Nuevo Mundo. Con él alterna el bárbaro de Francisco Pizarro, que no habiendo en su infancia hecho cosa distinta de cuidar puercos, entre los cuales había nacido, se vino a América fugado porque una vez se le fueron de entre las manos los sucios animalejos y creyó que era más fácil cruzar el mar que habérselas con el dueño del hato.

La literatura puede ser descriptiva como la luminosidad del relámpago: exacto o inexacto en sus consideraciones de forma, el colombiano Arciniegas expresa un fondo esencial y creíble. Incluso en el cáustico análisis que hace a continuación de nuestro protagonista, tras advertir que en España ha hecho el *Don Juan,* dejando una estela de dramáticos romances y por esta razón:

> ...se le ha conocido allá como auténtico conquistador aunque no lo haya sido de tierras.
> También está el bachiller Enciso, tinterillo –insiste Arciniegas– que enriquece en la isla con su profesión: aquí todo el mundo juega, blasfema, se endeuda y arma pleitos, y no hay en España patio para un leguleyo que pueda compararse al de Santo Domingo. Enciso, además, presume de escritor; dejará libro.

Ocupándose luego de Diego de Nicuesa y Alonso de Ojeda, entre otros, Arciniegas concluye:

> Como se ve, el asunto de terminar el descubrimiento y conquista del Nuevo Mundo está en manos de esa minúscula asamblea integrada por un músico, un maromero, un cosmógrafo, un tinterillo, un porquero, un Don Juan y otras gentes de la laya, que se alimentan de pan cazabe y esperanzas.

Cortés encarna, en aquel contexto, un equilibrio entre el desequilibrio. Pero también una capacidad improvisadora enorme, sin la cual, esa minúscula asamblea no hubiese llegado hasta América del Norte.

Una vez en América, don Hernán parecía inspirado por el contexto de una dimensión en la cual todo era posible. Sus encantos de seductor de alcoba aquí se reconvertían en habilidad y estrategia política. La excelente relación que consigue entablar con Diego Velázquez de Cuellar, quien le pidió que lo acompañara en la expedición para conquistar Cuba, es parte de ese magnetismo personal que le irá abriendo una puerta tras otra.

Hacia Cuba marchan los dos amigos en 1511. Cortés como secretario de su amigo don Diego, el comandante.

Los propios lazos familiares entre estos dos hidalgos se fortalecieron cuando en 1514 Cortés se casó con Catalina Juárez Marcaida. Para entonces Velázquez, que había sido nombrado gobernador de Cuba, fue su padrino.

La relación entre Cortés y Velázquez, que tan luminoso comienzo supo tener, tendería a enturbiarse en inversa proporción a las respectivas apetencias personales. Ambos amaban el poder y el liderazgo. Ninguno de los dos estaba hecho para secundar, sino para encabezar. Inevitablemente llegaría una ruptura. Pero la secuencia de aquel divorcio fue lenta y paulatina.

Tras las excursiones capitaneadas por Francisco Hernández de Córdoba y Juan de Grijalva, Velázquez sabe que corresponde insistir sobre esa tentadora lengua de tierra que se extiende al oeste. Encargará a Cortés la organización de una tercera expedición, que zarpa el 18 de febrero de 1519 llevando 11 navíos, 647 soldados, 120 marineros, 16 caballos, 14 cañones, 32 ballestas y 13 escopetas.

La flota se lanza con un jefe lleno de optimismo. Será ésta la última misión que Cortés acate de Velázquez como superior. Él mismo aún no lo sabe, pero muy próximo está el tiempo en que se lanzará a la aventura por iniciativa propia, desoyendo las órdenes de su otrora jefe.

Tras diez días de navegación, los expedicionarios comandados por don Hernán llegan a Cozumel. Encuentran la isla casi vacía. Al adentrarse un poco, advierten la existencia de algunos aborígenes dispersos o aunados en pequeños grupos. Llegan a la conclusión de que ha ocurrido un éxodo masivo al cual estas familias se han negado. Interrogan a los pobladores acerca de las razones de la emigración, pero no obtienen una explicación comprensible.

Cortés pide a sus intérpretes que averigüen entre los nativos acerca de los supuestos náufragos o cautivos españoles que pudiera haber en las inmediaciones. Esta última indagación sí da sus frutos. Localizan a un sobreviviente, un colega de la Armada Real llamado Jerónimo de Aguilar.

Aguilar, que había naufragado en 1511 cerca de las costas de Yucatán, era fugitivo de un cacique maya que lo había tomado prisionero. Su aparición e incorporación al grupo resultó crucial, dados los conocimientos que tenía de lengua y cultura aborigen.

A través de Aguilar, Cortés toma conocimiento de un segundo superviviente blanco, cuya historia expresa la de muchos otros compatriotas y ejemplifica la transformación que sufrirían ciertos conquistadores. El personaje en cuestión, también náufrago, era don Gonzalo Guerrero. Había sido capturado en combate y esclavizado al servicio de un cacique cruel, que lo sometió de una y mil formas.

Hastiado de la humillación y sin nada que perder, Guerrero consiguió huir e internarse en la selva, donde sus perversos captores desistieron de buscarlo.

Nada se supo de él hasta que distintos rumores comenzaran a hablar del hombre blanco que había formado familia con una india.

En efecto, el tenaz Guerrero, haciendo honor a su patronímico, lejos de abandonarse a los peligros selváticos logró, por segunda vez, superar la adversidad, y construir su pequeño feudo en el seno de una tribu menor; vivía en paz y feliz con una mujer nativa de indecible belleza, rodeado de lujos y placeres, respetado por su prójimo como un ser superior (todo lo cual nunca hubiese conseguido en su tierra natal). Y si se escondía de las expediciones hispanas era porque rechazaba desde todo punto de vista la idea de volver a ser el gris soldado raso de otrora.

Ya pertenecía más a su Nuevo Mundo que a aquel viejo, continental, mezquino y sacrificado. No le interesaban la corona ni el rey de España ni los poderes de Europa. Había cumplido el sueño paradisíaco.

Según las palabras de Bernal Díaz del Castillo, cuando Aguilar va a buscarlo para que se una al grupo de españoles Guerrero le contesta:

> Hermano Aguilar: yo soy casado y tengo tres hijos, y estos tiénenme por cacique cuando hay guerras. Véte con Dios, que yo tengo labrada la cara y horadadas las orejas. ¿Qué dirán de mí los españoles cuando me vean de esta manera? Y ya veis estos, mis hijitos, qué bonitos son. Dadme esas cuentas verdes que traes para ellos y diré que mis hermanos me las envían de mi tierra.

Efectivamente, el hombre se había tatuado el rostro y puesto aretes, vestía como indio y había procreado uniéndose a una nativa de ese mundo que lo había tomado por completo.

La biografía de Guerrero acaso merecería un capítulo aparte: este caballero es quizás quien protagoniza el primer mestizaje hispano-mexicano, al contraer matrimonio con la princesa maya Zacil, hija del cacique Nachancán, el mismo que lo había tomado prisionero. La muchacha había huido para estar con él.

No nos hemos detenido en el caso de Guerrero porque sí. La relación de lo vivido por este hombre tiene mucho que ver con lo que sucederá interna y externamente a nuestro protagonista.

Cuando su historia llega a oídos de Cortés, el extremeño queda vivamente impresionado. Nunca antes había escuchado acerca de semejante simbiosis cultural. La exposición de aquellos acontecimientos ejerce en don Hernán un efecto revelador y hasta premonitorio. Esa noche se sueña coronado en un extraño ritual, rodeado de mujeres morenas, hablando una lengua que le es desconocida.

Íntimamente, Cortés comprende en el fondo de su alma al fugitivo español que reniega de su cultura. Incluso (y más secretamente aun) le envidia. La mañana posterior a ese sueño tormentoso que ha tenido, don Hernán se levanta, respira hondo el aire de la selva, y con mayor contundencia que nunca, percibe algo mágico en esas tierras. Algo rico y poderoso, además del oro. Algo que le indica que hay todo por hacer y casi nada por perder.

El pensamiento de Guerrero, como el de Cortés, da cuenta de que la vida, en el siglo XVI, no vale tanto en un sentido meramente biológico: solo se vive cuando se vive intensamente.

Es clave comprender esto último para vislumbrar al aventurero de época. Si asume semejantes riesgos es porque busca la vida, no la muerte. La muerte es, en realidad, la mediocridad, la falta de estímulos, la humillación de ser un don nadie. Para un hombre valiente, aguerrido y ambicioso, la vida es sagrada y se la debe reverenciar en la plenitud mayúscula de lo que el ser humano puede. Y si no, queda la muerte física que, en todo caso, ofrece la trascendencia enmarcada en un salvoconducto: la fe religiosa.

Guerrero y Cortés, cada uno a su manera, buscan con vehemencia. En el caso del segundo, sin embargo, éste avanza con el oro como brújula, pero inspirado por complejas inquietudes que no se satisfacen en la cima fundacional de una familia, de una comodidad relativa. Cortés ha tomado a Guerrero como referencia, pero no como modelo. Don Hernán irá por mucho más.

Quemar las naves y amar a Malinche

Cuando la expedición cortesiana recorre las costas de la península de Yucatán hasta el río de Tabasco, ocurre el primer enfrentamiento con los pobladores. Aquel combate, breve y cruento, marcó claras desigualdades marciales y a la vez una convergencia determinante para la conquista de México.

Fruto de esa batalla, los jefes mayas, ostentosamente derrotados en el plano bélico, optan por mejorar su relación con el invasor agasajándolo, a modo de reconocimiento y admiración frente a la blanca superioridad militar. Les hacen entonces entrega a los bravíos castellanos de veinte hermosas mujeres muy jóvenes, las cuales resultan bienvenidas por la tropa. Entre esta veintena de hembras está la doncella Malintzin o "Malinche".

Cabe plantear una salvedad esencial en el destino afectivo de Hernán Cortés. Habitualmente y salvo escasas excepciones, el contacto entre españoles e indias resultaba rudimentario, visceral, por lo general violento. La mujer que entra en la vida de Cortés era, en cambio, la entrega de una civilización a otra, pero revela

Malinche fue considerada una traidora a su pueblo, y factor importante para que Hernán Cortés conquistara México.

también la inevitable porosidad del español castizo, que recibe la presencia india como un nutriente para su aventura. Malintzin en la deformación castellana, resultó "Malinche", pese a que fue cristianamente bautizada como Marina.

Nacida en la región de Coatzacoalcos (actualmente en el estado de Veracruz), Malintzin era hija de un cacique feudatario del imperio azteca y su lengua era la náhuatl. Fue vendida por sus padres a un cacique de Tabasco, donde aprendió la lengua maya propia del territorio. Malinche es destinada el 12 de marzo de 1519 al capitán sevillano Alonso Hernández Portocarrero. Pero es Cortés quien la recibe. Al poco tiempo, Portocarrero sería despachado a España.

Cortés avanzó por la región que los indios llamaban Chalchicueyecan ("el lugar de la diosa de la falda de jade") y le impresionó mucho esa geografía. Secretamente decide que es éste el terreno apto para empezar su revolución personal; allí, fundacionalmente, un Viernes Santo del año 1519, instituyó Villa Rica de la Veracruz, ciudad concebida con cabildo propio, desde donde manifestaba la ruptura con toda orden proveniente de Velázquez.

Informado de la iniciativa cortesiana, Diego Velázquez, su jefe, su otrora amigo, su padrino de casamiento, su antiguo confidente, enfurece. Se considera traicionado por la insolencia del subalterno. Mediante una carta al emperador Carlos V informa de lo sucedido reclamando la vigencia jerárquica en las colonias de su majestad. Pero los correos de entonces eran un correlato a veces caótico en el escurridizo escenario de la conquista. Las "dobles realidades" se hacían aún más complejas cuando un adelantado español comenzaba a enviar oro a la corte. El metal hablaba por sí, y esa variable jugaba muy a favor. Esto había empezado a hacer Cortés con su rey. Ya el engranaje de su escalada se ponía en funcionamiento, y la locomotora de poder iba siendo fogoneada por el dorado aliento que tanto desvelaba a los nobles europeos.

Así, Cortés (que también confiaba en el oro) se permitía ciertas temeridades. Carta del cabildo mediante, con fecha del 10 de julio de 1519, se informaba al rey que Cortés asumía como capitán general y justicia mayor. Francisco de Montejo y Alonso Hernández Portocarrero eran los portavoces que viajarían con las noticias. Marchaban con presentes para el monarca europeo, incluyendo códices indígenas.

Es en esta instancia que Cortés da una orden cuya proyección metafórica ha calado muy fuerte en el idioma español, como expresión harto expresiva: "quemar las naves". Pero ¿realmente ordenó quemarlas?; no. Técnicamente lo que dispuso fue el desmantelamiento de los navíos (algunas versiones incluyen el tecnicismo de "barrenado"). Lejos de un teatral y romántico incendio, lo que se proponía el flamante jefe era un reaprovechamiento del material con que estaban hechas las embarcaciones y, en parte también, disuadir la potencial amenaza de que otros (acaso otro rebelde como él mismo) pretendiese aventuras personales.

A mediados de agosto de 1519 emprendió su salida hacia el interior de México. Desde ese momento, la relación entre la indígena y el castellano fue explícita. Ella era su mujer, su traductora, su compañera. Aprendió el idioma de él. Pero Cortés también aprendió en parte esa lengua americana.

Entretanto Diego Velázquez de Cuellar, su ex camarada y jefe, decide poner en práctica por propia iniciativa su acariciada venganza. Lo alimenta el rencor y tiene la determinación suficiente.

La respuesta del rey, a quien había solicitado castigo para el joven oficial insurrecto, se hacía esperar demasiado. Decide que lo mejor es poner preso a Cortés mediante un golpe de mano. En mayo de 1520, ejerciendo su autoridad como gobernador de Cuba, manda arrestar a su reciente enemigo. El comisionado a cargo es Pánfilo de Narváez, que se traslada hasta la región de Zempoala. Su misión: deponer, someter y hacer preso al rebelde Cortés.

Cortés no se pertrecha ni lo espera. Sale a buscarlo, acompañado de sus mejores hombres, armados hasta los dientes. Va directamente a demostrar el carácter de sus derechos conquistados. Mostrará alas y espalda suficiente para enfrentar desafíos militares de su propia tecnología y conocimientos. Sale de Tenochtitlán y derrota a Narváez en Zempoala. La victoria le sumó hombres, armas, poder, confianza en su propia destreza militar y política.

Su percepción para el buen desarrollo de la conquista implicaba también un aspecto del lenguaje, del pensamiento de ese hombre distinto.

En 1523 tendrían un hijo: Martín, primogénito e ilegítimo, desde la ley que aun regía al conquistador. Es también el cronista

Bernal Díaz del Castillo quien observa, en un momento dado, que Moctezuma se niega a saludar primero a Malinche, en el inaugural encuentro que tienen formalmente como jefes, con Cortés, y dirige su mano directamente al extremeño, ignorando a su compañera. La presencia de Malinche como salvoconducto parece haber sido relativa. El valor de su presencia tiene que ver con algo más íntimo en Cortés. Ella le aporta la presencia física y humana de esa tierra. Vive y duerme con el lenguaje, con el color, con el aroma del continente que lo ha recibido y se le ofrece cual nuevo destino encarnado –también– en mujer.

A pesar de aquella misoginia inicial, quizás sin proponérselo, Cortés consigue posicionar a Malinche como una verdadera representación –en todos los sentidos de la palabra– de la forma en la que él quiere ser escuchado. Malinche como un instrumento musical de su conquista acaba expresándolo. A tal punto que, según relata Bernal Díaz, por ejemplo, con motivo de uno de los primeros encuentros entre el capitán y Moctezuma, el jefe azteca le dijo a la chica: "Malinche: en vuestra casa estáis vos e vuestros hermanos; descansa".

La relación entre Cortés y Malinche generaría problemas inevitables y gran preocupación en la península. Tiempo después de su enfrentamiento con los aztecas, una vez reestablecida la paz, Cortés recibe a su mujer cristiana, doña Catalina Juárez Marcaida, que llega de Cuba, pero la dama fallece misteriosamente a poco de instalarse en Coyoacán. Hay quien adjudica a Malinche una participación en ese deceso.

La causa de la muerte de la ilustre señora nunca quedó del todo clara en los registros oficiales. Sí es un hecho, en cambio, que una vez producida, Cortés hizo explícita y abierta su alianza matrimonial de hecho con Malinche o Marina, según preferían llamarla los subalternos del conquistador.

En los primeros tiempos de su encuentro, el vínculo entre aztecas y españoles parecía una expresión proyectada de esa misma alianza amorosa que mantenían la joven indígena y el brioso don Hernando.

MOCTEZUMA Y EL EXTREMEÑO

El 8 de noviembre de 1519, Cortés entra en Tenochtitlán. Él y sus oficiales son alojados en los palacios reales. Los españoles quedan profundamente impresionados por el lujo y la organización de la ciudad.

Su jefe máximo era Moctezuma o "Uei Tlatoani" ("el único que habla"). Señor absoluto de México, es decir, en cuya voz se resume el conocimiento y la verdad sobre las cosas. Objeto de universal respeto, por encima de cualquier alto dignatario del Imperio. Investía el título de Ciuacoatl o Mujer-Serpiente, dos valores supremos en la cultura local. Dondequiera que fuese Moteczuma, se aseaban las calles antes de que pasase, aunque jamás las tocaba con la planta del pie, dado que iba siempre en litera, y, si esporádicamente se dignase a caminar, lo hacía sobre tapices que protegían sus pies de todo contacto con la tierra.

Los magnates más poderosos para no mostrar el menor afán de ostentación cubrían sus ropas de ricos con mantas pobres y raídas. No estaba permitido a nadie mirarle a los ojos, salvo licencias secretas y especiales. A tal punto era ensalzada la figura de este soberano que se le consideraba ausente de todo miedo; cualquier sentimiento que en él pudiera verse, se asignaba a estados de revelación relativos a causas sobrenaturales.

Cuenta un cronista presencial que el gran Moctezuma, en su primera aparición ante los jefes españoles, venía muy ricamente ataviado, y:

La pintura representa el momento en el que los
aztecas reciben amistosamente a Hernán Cortés.

…traía calzados unos cotaras, que ansí se dice lo que se calzan; las
suelas de oro y muy preciada pedrería por encima en ellas; e los
cuatro señores que le traían de brazo venían con rica manera de
vestidos a su usanza, que paresce ser se los tenían aparejados en el
camino para entrar con su señor, que no traían los vestidos con los
que nos fueron a rescebir, e venían, sin aquellos cuatro señores, otros
cuatro grandes caciques que traían el palio sobre sus cabezas, y otros
muchos señores que venían delante del gran Moctezuma barriendo
el suelo por donde había de pisar, y le ponían mantas por que no
pisase la tierra. Todos estos señores ni por pensamiento le miraban
en la cara, sino los ojos bajos e con mucho acato. E como Cortés vio
y entendió e le dijeron que venía el gran Moctezuma, se apeó del
caballo, y desque llegó cerca de Moctezuma, a unas se hicieron grandes acatos. El Moctezuma le dio el bien venido, e nuestro Cortés le
respondió que él fuese muy bien estado.

Pero Moctezuma ("Motecuhzoma Xocoyotzin" en idioma náhuatl) era, además de todo lo anterior, un emperador joven. Su ambición, combinada con un meteórico ascenso al poder que se le estaba escapando de las manos, lo obligaba a lidiar con jerarcas vecinos cada día menos convencidos de su santidad y realeza. Estaba desbordado.

Por otra parte, los tiempos en los cuales debía maniobrar Cortés no eran menos frenéticos que los que acuciaban al jerarca azteca.

Bernal Díaz del Castillo, cronista contemporáneo y testigo de esos hechos, redactó bajo el título de *Historia verdadera de la conquista de la Nueva España* un extenso y detallado relato del encuentro entre Cortés y Moctezuma. En *El grande y solene rescibimiento que nos hizo el gran Moctezuma a Cortés y a todos nosotros en la entrada de la gran ciudad de México* dice:

> …estaban llenas las torres e cues y en las canoas y de todas partes de la laguna, y no era cosa de maravillar, porque jamás habían visto caballos ni hombres como nosotros. Y de que vimos cosas tan admirables no sabíamos qué nos decir, o si era verdad lo que por delante parecía, que por una parte en tierra había grandes ciudades, y en la laguna otras muchas, e víamoslo todo lleno de canoas, y en la calzada muchos puentes de trecho a trecho, y por delante estaba la gran ciudad de México; y nosotros aún no llegábamos a cuatrocientos soldados, y teníamos muy bien en la memoria las pláticas e avisos que nos dijeron los de Guaxocingo e Tascala y de Tamanalco, y con otros muchos avisos que nos habían dado para que nos guardásemos de entrar en México, que nos habían de matar desque dentro nos tuviesen. Miren los curiosos letores si esto que escribo si había bien que ponderar en ello, qué hombres habido en el Universo que tal atrevimiento tuviesen.

El atrevimiento aquel era, en efecto, dejar entrar a los españoles sin condiciones básicas de seguridad. Ciertas actitudes similares a esta recepción tan amable, evidentemente, también sorprendieron a muchos conquistadores, que viéndose vulnerables a una diferencia numérica enorme, eran tratados como invitados honorables, acaso dioses.

Moctezuma intentaba superar la dificultad de equilibrar poder frente a un invasor complejo, en ciertos aspectos deslumbrantes, acaso con poderes divinos. En efecto, lo que se jugaba entre ambos jefes era algo distinto a la divinidad en sí; se trataba de un "plus" de poder, agazapado. Un secreto, que mutuamente, creían tener sobre el otro.

Cortés recibió formalmente una primera embajada del soberano azteca Moctezuma II con regalos fastuosos. Joyas, oro, vestidos, eran condimentados con mujeres y rústicas reverencias.

En cierto modo, Cortés corría con desventaja. Moctezuma ya había tratado con españoles de cierto rango en otras oportunidades, mientras que el extremeño apenas conocía aborígenes rasos, a la distancia o en el fugaz segundo del mandoble en combate. En una oportunidad había tratado con unos jefes, tras vencerlos, pero el encuentro resultaría breve.

Por su parte, y ratificando la desigual experiencia en tal sentido, el jefe azteca se refirió al hombre blanco en muy buen parlamento. Con respeto, pero demostrando estar al tanto, dijo que en gran manera se holgaba de:

> …tener en su casa e reino unos caballeros tan esforzados como era el capitán Cortés e todos nosotros; e que había dos años que tuvo noticia de otro capitán que vino a lo de Chanpoton; e también el año pasado le trujeron nuevas de otro capitán que vino con cuatro navíos, e que siempre los deseó ver, e que agora que nos tiene ya consigo para servirnos y darnos de todo lo que tuviese, y que verdaderamente debe de ser cierto que somos los que sus antecesores, muchos tiempos pasa-

dos, habían dicho que venían hombres de donde sale el sol a señorear aquestas tierras, y que debemos ser nosotros, pues tan valientemente peleamos en lo de Potonchan y Tabasco y con los tascaltecas, porque todas las batallas se las trujeron pintadas al natural.

El cronista Bernal Díaz, que venía de haber combatido junto al temible Pedrarias y arrastraba la decepción de no recibir nunca la dichosa "encomienda" (dotación de indios para someter a todo servicio) que le había prometido Velázquez de Cuellar, acabó por adherir fervorosamente a Cortés.

La pluma testimonial y amiga del cronista Bernal Díaz destaca la desigualdad notable entre las tropas españolas y aztecas, así como el peligro latente que ello implica, pero lo monta con mística hispánica, con la fascinación de quien sabe a Dios consigo, es decir, con Cortés.

Con el subtítulo *De cómo el gran Moctezuma vino a nuestros aposentos con muchos caciques que le acompañaban, e la prática que tuvo con nuestro capitán,* Díaz presenta un momento clave del contacto entre los jefes:

> …cuando el gran Moctezuma hobo comido y supo que nuestro capitán y todos nosotros ansimismo había buen rato que habíamos hecho lo mismo, vino a nuestro aposento con gran copia de principales e todos deudos suyos e con gran pompa. E como a Cortés le dijeron que venía, le salió a mitad de la sala a recibir, y el Moctezuma le tomó por la mano; e trujeron unos asentadores fechos a su usanza en muy ricos y labrados de muchas maneras con oro.

El asombro y la incredulidad de Cortés ante la magnificencia de la pompa indígena se ponen de manifiesto en varios pasajes de las numerosas cartas que envía a su Majestad:

Quetzalcóatl, una deidad azteca que fue considerada
como el dios principal de esta cultura prehispánica.

En lo del servicio de Moctezuma y de las cosas de admiración que
tenía por grandeza y estado hay tanto que escribir... ¿qué más grandeza puede ser que un señor bárbaro como éste tuviese contrahechas
de oro y plata y piedras y plumas todas las cosas que no hay platero
en el mundo que mejor lo hiciese, y al natural lo de las piedras y
plumas todas las cosas que debajo del cielo hay en su señorío, tan
perfecto, y lo de pluma que ni de cera ni en ningún broslado se
podría hacer tan maravillosamente?

Cortés, enfervorizado por tan auspiciosa recepción, le aseguró
que las intenciones eran las mejores, le prometió beneficios enormes a Moctezuma e incluso argumentó que la presencia y el
vínculo que él como hombre blanco mantenía con Malinche, su

compañera indígena y esposa a los ojos de la comunidad india, garantizaban ese deseo de fusionar en amor ambos pueblos.

Los planes de Cortés no eran tan puros como los presentaba, pero también es cierto que el aventurero español disfrutaba de su relación con el jefe indígena. Acaso esa afinidad haya jugado a favor del plan de secuestrarlo y no de eliminarlo y aniquilar a su guardia de inmediato.

Los regalos por parte del líder azteca parecían ser la primera jugada en todo semblanteo; Moctezuma no se ahorraba nada en ese sentido. Esto, los españoles lo recibían con gran permeabilidad y demostraban ser en cierto grado "puros" a los ojos de los indios, pues se maravillaban del oro, cuyo valor local era apenas estético.

Paradójicamente, esta "debilidad áurea" era, a criterio de los indios, una señal de candidez trascendental, ligada a lo divino. Para ellos, sesenta kilos de oro valían menos que sesenta kilos de mujer, por ejemplo. Pensemos, en cambio, cuántas otras cosas (y mujeres, y poder, y prestigio) significaba para un español, semejante cantidad del precioso metal:

> Y como llegamos y entramos en un gran patio, luego tomó por la mano el gran Moctezuma a nuestro capitán, que allí le estuvo esperando, y le metió en el aposento y sala adonde había de posar, que le tenía muy ricamente aderezada para según su usanza, y tenía aparejado un muy rico collar de oro de hechura de camarones, obra muy maravillosa, y el mismo Moctezuma se le echó al cuello a nuestro capitán Cortés, que tuvieron bien que mirar sus capitanes del gran favor que le dio.

Por su parte, Cortés tampoco mentía en todo lo que le decía al líder azteca para seducirlo. Por el contrario, le daba información correcta a su anfitrión acerca de su propio origen, de un aspecto de la misión que pretendía cumplir. Le explica, por ejemplo, que él mismo no es soberano sino, en realidad, un vasallo de un gran señor llamado el Emperador Don Carlos, quien le envió a rogarle al azteca y su pueblo que sean cristianos: "…como es nuestro emperador e todos nosotros, e que salvarán sus ánimas él y todos sus vasallos, e que adelante le declarará más cómo y de qué manera ha de ser, y cómo adoramos a un solo Dios verdadero".

Con el correr del tiempo se establece entre el español y el monarca indígena una relación muy fluída, y aunque Moctezuma vacilaba entre creer o no que aquellos pilosos y metálicos personajes eran Quetzalcóatl u otros dioses, el tono con que se dirige a Cortés revela precaución al respecto. Así se dirigía el cultivado azteca al español, según cita a partir de las crónicas reseñadas, el historiador Madariaga:

> …a todos vuestros capitanes e soldados os veo andar desasosegados, e también he visto que no me visitáis sino de cuando en cuando; e Orteguilla el paje me dice que queréis ir sobre esos vuestros hermanos que vienen en los navíos e queréis dejar aquí en mi guarda al Tonatio. Hacéme merced que me lo declaréis, para que si en algo os pudiese ayudar, que lo haré de buena voluntad. E también, señor Malinche, no querría que os viniese algún desmán, porque vos tenéis muy pocos teules, y esos que vienen son cinco veces más, y ellos dicen que son cristianos como vosotros, e vasallos e criados dése vuestro Emperador, e tienen imágenes e ponen cruces e les dicen misa, e dicen e publican que sois gente que venistes huyendo de vuestro Rey e que os vienen a prender e matar. Yo no os entiendo. Por eso, mira lo que hacéis. [10]

---

[10]De Madariaga, Salvador: *Hernán Cortés,* Ed. Espasa Calpe.

¿QUIÉN DESATA EL DESASTRE?

El poderío militar de Cortés frente al Imperio Azteca no fue el factor determinante de su victoria. Los acontecimientos en la dura guerra entre blancos e indios en la zona del actual México resultaron mucho menos lineales de lo que suele plantearse. De hecho, don Hernán tuvo su "Noche triste", así como muchas y numerosas mañanas felices que con el tiempo le deparó la conquista a lo largo de sus éxitos militares.

El episodio que desencadenó la derrota conocida como la "Noche triste" de los españoles encierra un antecedente interesante respecto de lo que vendría después, ya que involucra cuestiones inesperadas.

Desde el punto de vista español, esta tragedia militar ha sido consensuada históricamente como un cóctel funesto, compuesto por distintas circunstancias negativas. La inferioridad numérica de los conquistadores, empalmada con la convicción indígena de que estaban ante la gran oportunidad de echar al extranjero, condujeron al emblemático revés europeo; oscurecimiento que se cierne sobre la hasta entonces refulgente conquista.

Impresiona reconocer que en aquella oportunidad, apenas una imprudencia temeraria estuvo a punto de desmoronar la integridad de un plan metódico, estratégico, planeado y consumado, sin prisa y sin pausa, por el jefe máximo de esa instancia conquistadora.

Las variables convergentes para la derrota española no eran nuevas, pero sí agudas. A la escasez de alimentos, recelos internos entre las tropas cortesianas, maniobras poco claras de los oficiales aztecas, se sumaba por entonces la celebración de las fiestas del mes de Toxcatl.

La fiesta del Toxcatl tendría lugar en el quinto mes ritual del calendario solar azteca. Esta fecha corresponde a las últimas horas del 30 de junio y las primeras del 1 de julio de 1520, en el calendario cristiano. En el primer día de este mes se hacía, pues, una gran celebración para honrar al dios Tezcatlipoca, "señor del espejo que humea", su deidad principal.

En su honor se sacrificaba a un joven, pero no a cualquiera. El elegido debía ser hermoso y virgen. Sin ningún defecto en el cuerpo. Durante un año, previo a la ejecución, le brindaban todos los deleites, además de enseñarle a tocar un instrumento musical, cantar y bailar. Cinco días antes de abrirle el pecho y extraerle el corazón, le cortaban los cabellos, lo vestían con elegancia y le ofrecían banquetes a los que asistían numerosos nobles. El sacrificio se ofrendaba en lo alto del Templo Mayor de Tenochtitlán.

La ceremonia se realizaba en una plaza situada frente al lugar donde se alojaban los españoles. Esto provocaba la inevitable afluencia de nativos en dosis multitudinarias. La concurrencia masiva e irrefrenable –pues aquel era un acto popular de fe– no podía interrumpirse sin entrar en grave conflicto con los creyentes aborígenes, que, a medida que avanzaba el día, se concentraban en mayor cantidad en el punto neurálgico donde se desencadenaría la tragedia.

Días antes, mientras los aborígenes iban llegando al punto de encuentro y celebración, se produjo un hecho que precipitaría el desenlace del drama español en cuestión.

No hubo en las huestes de Cortés peor determinación que la que tomó Pedro Alvarado en el marco de aquellos preparativos religiosos tan importantes para los aztecas. En momentos en que la multitud alcanzaba su mayor ritmo de crecimiento, Alvarado irrumpió con sus soldados a caballo entre la multitud civil, suponiendo que ese era el escenario ideal para espantar y someter a las multitudes de aztecas indefensos y, finalmente, fortalecer su poder.

Así, con armas de fuego y a puro mandoble, Alvarado y los suyos desataron todo el terror y confusión que se pueda imaginar en aquellas condiciones. Para darse una idea de la gravedad del hecho podríamos compararlo con la irrupción de un grupo comando shiita en el Vaticano, invadiendo la sede papal en el mes de diciembre, durante los preparativos de la Navidad.

La orden que impartió Alvarado a sus oficiales fue de exterminio total, sin distinción de rango, sexo o edad. Creyó que sembraría un terror inextinguible y con esa acción se ganaría los laureles que Cortés, con su ubicuidad, le impedía obtener.

La situación se vuelve caótica, infernal; los caballos atropellan a mujeres y niños por igual, los nativos corren desbandados como abejas sin saber a dónde refugiarse y la masacre se extiende por varias horas. Es un hecho en apariencia inexplicable.

En este sórdido episodio mueren gran parte de la nobleza y muchos caciques aztecas que se encontraban desarmados, dado el carácter celebratorio de la cita, en el corazón de una plaza pública.

La historia no ha podido clarificar las razones que movieron a Alvarado a actuar de esta forma, que suele destacarse como ejemplo de la crueldad de los conquistadores españoles. Acaso su actitud respondiera al deseo de adquirir figuración propia y proyectarse por encima de la figura de su jefe Cortés, tomando una iniciativa personal.

Fray Bartolomé de Las Casas subraya la ferocidad de los acontecimientos atribuyéndolos a la codicia hispana. Pero el ataque de Alvarado no puede explicarse en esos términos, en la medida en que Cortés tenía el poder y conservaba cautivo a Moctezuma, el jefe máximo.

Por su parte, hay quien justifica a Alvarado alegando que éste habría recibido de algunos nativos leales rumores según los cuales se estaba preparando una insurrección general con los festejos como excusa.

Otras actitudes que los españoles (Alvarado en particular) pudieron haber tomado como provocativas eran los sacrificios humanos, habitualmente practicados por los méxicas.

Es cierto que esto les estaba expresamente prohibido, pero la reacción punitiva pudo haber sido, en tal caso, mucho más leve.

También suele alegarse que los nativos pretendían sustituir las imágenes de la Virgen María por las de sus dioses, además de denunciarse toda clase de teorías conspirativas.

En concreto, y desde el punto de vista militar, ciertamente, la presencia enfervorizada de tantos nativos en el paroxismo multitudinario de una fe herética para los cristianos, constituía una amenaza. La desproporcionada diferencia numérica en tiempo y lugar, era, por otra parte, un factor que a Alvarado no se le pudo haber escapado, como militar que era. ¿Fue víctima de una locura temporal? ¿Quiso destacarse? ¿Se sintió amenazado por algún gesto entre la multitud, por alguna señal equívoca?

El cronista y testigo presencial Bernal Díaz parece exonerar al colega en su relato: "…que el Pedro de Alvarado, por codicia de haber mucho oro y joyas de gran valor con que bailaban los indios, les fue a dar guerra, yo no lo creo, ni nunca tal oí, ni es de creer que tal hiciese, sino que verdaderamente dio en ellos por meterles temor".

En cualquier caso, las cosas se le dieron vuelta y Alvarado, tras derramar la sangre azteca por doquier empezó a verse rodeado, pues por más que los mataban seguían y seguían llegando al campo de batalla, enardecidos, impulsados como flechas a vengarse de tan feroz e inexplicable matanza.

Cuando Cortés fue informado de lo sucedido y de que sus compatriotas se encontraban sitiados en el palacio, en Tenochtitlán, la rebelión nativa desbordaba.

El extremeño elige ir hacia la capital. Avanza, con una tropa bien nutrida, pues no solo lo acompañan sus soldados sino también sus aliados de la tribu tlaxcalteca, vecinos del pueblo azteca, unidos al español en contra de los colosos méxicas.[11]

Así va la tropa mixta sobre Tenochtitlán, antes para intimidar que para batallar, pues Cortés sabía medir los tiempos en este sentido. Sin embargo, la recepción que encuentran en las afueras de la gran ciudad les da la pauta de que el panorama es grave. La matanza cruel e inútil había sembrado un odio profundo, una desconfianza irremontable.

Otro elemento que se caía era la figura casi teatral que empezaba a ser Moctezuma, quien hasta entonces había encarnado una mezcla de amigo-prisionero-salvoconducto de Cortés para con el pueblo azteca. El otrora "sagrado" jefe, perdía credibilidad entre los suyos.

MUERTE DE MOCTEZUMA

Cortés había logrado reunirse, pues, con sus compañeros sitiados, pero la situación era desesperada. La tensión desatada por Alvarado y los posteriores episodios generaron consecuencias inevitables. En el lapso de apenas una semana, tras la matanza, se produce un hecho clave: la muerte del Príncipe de Príncipes del Imperio local. Morirá Moctezuma y, con él, el puente (aunque

---

[11]Cabe recordar que cuando en agosto de 1519, los conquistadores españoles al mando de Hernán Cortés habían alcanzado los dominios tlaxcaltecas, los mismos nativos que inicialmente les presentaron batalla, pronto abrazarían la alianza con el invasor blanco, inspirados en una antigua enemistad con el Imperio azteca. Los guerreros tlaxcaltecas ya habían formado parte de expediciones anteriores y combatido junto a Cortés y sus hombres en los principales hechos de armas previos a la batalla final. Eran bravos y determinados. Además, consideraban que aliados al barbado dios del mar, finalmente, harían justicia y masacrarían a esos demonios que gobernaba el poderoso Moctezuma.

Códice Florentino en el que se representa el asedio español
a la ciudad de Tenochtitlán.

engañoso, puente al fin, hasta aquel momento) entre dos civilizaciones. Cortés se queda sin intérprete, sin aliado y sin rehén.

La muerte del soberano azteca –pieza clave en la campaña cortesiana– ha sido objeto de infinitas versiones históricas e historiográficas. Hay quienes afirman que el monarca fue apedreado y murió en el acto, cayendo entre la muchedumbre y siendo devorado por ella.

Otros testimonios hablan de un flechazo proveniente de sus propios hermanos. Otros de una enfermedad grave y repentina, o hasta de un apuñalamiento misterioso, o acaso torpe por parte de un guardia español enardecido ante el encierro.

Bernal Díaz del Castillo llega incluso a plantear la tesis del suicidio, según la cual el líder habría ingerido una pócima mortal, abrumado por una situación inesperada que lo desbordó.

De todas estas inferencias, una de ellas parece ser la más razonable y es la que preferimos presentar en este caso. Cuando Cortés regresa a México, se encuentra a sus tropas refugiados en el palacio real de Tenochtitlán. Los méxicas habían cerrado el mercado de Tlaltelolco y suspendido las provisiones para sus tropas. La situación es desesperada y el capitán ordena al emperador reabrir el mercado.

Moctezuma, arteramente, pidió a Cortés que liberara a Cuitláhuac para llevar la orden de abrir el mercado. El emperador, ya totalmente desencantado de la aparente amistad forjada con los españoles, albergaba el secreto anhelo de echar a los conquistadores de la ciudad y sabía que solo su hermano podría organizar la defensa de ella.

Una vez libre, Cuitláhuac organizó la resistencia del pueblo, con la ayuda de su sobrino Cuauhtémoc.

Los méxicas comenzaron a hostilizar a los españoles y tlaxcaltecas que habían tomado el palacio de Axayácatl. Sitiados y sin provisiones suficientes, los invasores decidieron salir de la ciudad, para lo cual Cortés pidió a Moctezuma que calmara los ánimos de sus súbditos desde la terraza del palacio.

El monarca azteca, acobardado por las amenazas que le habían inflingido sus captores españoles, y sabiendo que si no convencía a los suyos de deponer la hostilidad acabaría él mismo muerto, se prestó enfático a la arenga. Apeló a su gente recurriendo a todo tipo de promesas, a cual menos creíbles. En medio del discurso brotó la primera piedra de entre la muchedumbre. Fue a dar al rostro de Moctezuma: algo insólito para un príncipe al cual poco tiempo antes sus súbditos ni siquiera se atrevían a mirar a la cara. El joven rey se tocó la herida, vio la sangre en su mano, pero prosiguió hablando. Fue la peor elección. Tras la primera pedrada siguieron varias más, que se convirtieron en tormenta, y lo fueron tumbando cual muñeco, hasta que bajó a refugiarse.

El pueblo ya no quería escuchar al "tlatoani". Moctezuma murió unos días después, no se sabe si a consecuencia de sus lesiones o asesinado por los propios españoles, a quienes ya no era útil.

El registro más veraz de este hecho se encuentra en las crónicas consignadas en las cartas que envía periódicamente Cortés al rey de España, donde relata:

> Y en tanto que estos artificios se hacían no cesaba el combate de los contrarios; en tanta manera, que como no salíamos fuera de la fortaleza, se querían ellos entrar dentro; a los cuales resistimos con harto trabajo. Y el dicho Muteczuma, que todavía estaba preso, y un hijo suyo, con otros muchos señores que al principio se habían tomado, dijo que le sacasen a las azoteas de la fortaleza, y que él hablaría a los capitanes de aquella gente y les harían que cesase la guerra. E yo los hice sacar, y llegando a un pretil que salía fuera de la fortaleza, queriendo hablar a la gente que por allí combatía, le dieron una pedrada los suyos en la cabeza, tan grande, que de allí a tres días murió; e yo le fice saber así muerto a dos indios de los que estaban presos, e a cuestas lo llevaron a la gente, y no sé lo que del se hicie-

ron, salvo que no por eso cesó la guerra, y muy más recia y muy cruda de cada día.

Cortés intenta llegar a una concertación pacífica con los agresores:

Y en este día llamaron por aquella parte por donde habían herido al dicho Muteczuma, diciendo que me allegase yo allí, que me querían hablar ciertos capitanes, y así lo hice, y pasamos entre ellos y mí muchas razones, rogándoles que no peleasen conmigo, pues ninguna razón para ello tenían, e que mirasen las buenas obras que de mí habían recibido y cómo habían sido muy bien tratados de mí. La respuesta suya era que me fuese y que les dejase la tierra, y que luego dejarían la guerra; y que de otra manera, que creyese que habían de morir todos o dar fin de nosotros. Lo cual según pareció, hacían por que yo me saliese de la fortaleza, para me tomar a su placer al salir de la ciudad, entre las puentes. E yo les respondí que no pensasen que les rogaba con la paz por temor que les tenía, sino porque me pesaba del daño que les facía y les había de hacer, e por no destruir tan buena ciudad como aquélla era; e todavía respondían que no cesarían de me dar la guerra hasta que saliese de la ciudad.[12]

El nuevo jefe de los méxicas era Cuitláhuac, un guerrero valeroso que siempre se había opuesto a los españoles. Bajo su mando, la combatividad de los aztecas adquirió mayor fuerza.

En cualquier caso, muerto Moctezuma, las posibilidades de supervivencia hispánica se reducían dramáticamente, pues la confrontación ya no contaba con apaciguadores, intermediarios, ni cartas de negociación. El pueblo azteca no tenía nada que perder atacando al invasor que, por otro lado, había terminado de revelar su atroz naturaleza en la insensata matanza provocada por Alvarado.

---

[12]Cortés, Hernán: *Cartas de la conquista de México.*

Así pues, tras la muerte del gran jefe, los ataques a los españoles se agudizaron y precipitaron la única salvación posible para los cristianos acorralados: la huída.

La "Noche triste" y la viruela

Más de un mes llevaban Alvarado y su gente sitiados, casi sin agua ni alimentos, practicando una defensa desesperada.

Evaluando las consecuencias inmediatas, Cortés considera que lo más prudente es evacuar la zona en forma secreta e ir a buscar apoyo entre tribus vecinas. Pero antes de movilizar a toda la tropa prefiere tantear el terreno de la huída, enviando a Diego de Ordás, uno de sus mejores hombres, con un pequeño contingente, en la oscuridad.

Ordás hace el intento la noche del 27 de junio y fracasa. Es atacado en las inmediaciones de la ciudad y debe volver a pertrecharse en la urbe azteca, con su jefe.

Un 30 de junio de 1520, Cortés y los suyos ven muy cerca la posibilidad del fracaso total. Nunca antes un conquistador había aspirado a tanto y quedado a merced de perderlo todo con tan alto riesgo, empezando por la propia vida.

Esto no evitó, sin embargo, que cometieran un error táctico fundamental; pretender cargar consigo todo el oro obtenido. El problema se presentaría, precisamente, cuando viéndose apremiados, tuvieran que escapar, necesitando en la huída una velocidad que el vil metal les impediría adquirir. Ese oro, ese oro maldito, les jugaría entonces, con todo su peso, en contra.

Sigilosamente marcharon por la calzada de Tacuba, una de las salidas de Tenochtitlán que cruzaba el lago hacia tierra firme. A la mitad del camino fueron descubiertos.

Mientras el jefe extremeño penetraba sigiloso en la oscuridad, a la cabeza de sus mejores hombres, un viejo oficial español, ebrio –cuyo nombre no llegó a trascender– integrante de aquel grupo, queda retrasado. Cree oír ruidos de ramas moviéndose donde no debería haberlas y esto le infunde terror. Del terror pasa a la temeridad y su mejor idea es desenvainar la espada, blandiéndola contra las sombras. Avanza pues contra un bulto en la penumbra y al golpear el mandoble, su acero encuentra nada menos que el lomo de un cerdo salvaje, suelto por accidente en aquella angosta vía.

El pobre puerco no recibe el filo sino el canto del arma. Pero el ruido resulta suficiente para que miles de guerreros aztecas, transportados en canoas, emerjan de las sombras, atacando con furia a los españoles atrapados en la calzada.

Una primera andanada de guerreros méxicas se lanza contra la caravana con increíble velocidad y sorpresa. El ataque inicial es letal; esas primeras flechas merman las filas de Cortés en un abrir y cerrar de ojos. Luego, cual kamikazes embravecidos, los indígenas empiezan a brotar desde cada rincón de la penumbra, como fantasmas de un ejército infinito.

Las bajas sacuden a los bandos por igual, pero, tal como sucede en el ajedrez, la disminución progresiva y geométrica de piezas acaba dando la victoria a quien cuenta con más ejército. Esa progresión conduciría, inexorablemente, a la derrota hispánica. Derrota que, como sabemos, fue parcial desde el punto de vista macro-histórico.

Tras una agotadora y desesperada defensa, Cortés y parte de sus tropas logran alcanzar tierra firme en las horas de la madrugada. Pero han sufrido una tremenda pérdida. Más de la mitad de la tropa cortesiana resulta muerta o capturada. Casi no le quedan caballos y han dejado en la huída tres cuartas partes del oro que le habían quitado a Moctezuma.

Se dice que Cortés lloró la derrota al pie de un árbol, de un "ahuehuete" del pueblo de Popotla. Árbol que actualmente puede visitarse, en la calzada de Tacuba y es reconocido como "Árbol de la noche triste".

Esta catástrofe que pasó a la historia con tan emblemático nombre preñado de tristeza, bien pudo haber sido el final de la aventura. Pero ni la destemplanza, ni el desánimo de la tropa paralizaron al extremeño. Cortés vislumbraba que la recuperación era cuestión de tiempo y estrategia.

Los hechos narrados configuran una de las mayores pérdidas cristianas registradas en el marco de la conquista de América. Pero no todo estaba dicho. Nuevos caprichos del destino vendrían a patear el tablero y dar un golpe de timón que enderezaría el curso favorablemente para el aún muy joven y ambicioso expedicionario, jugador de resistencia, un verdadero "tiempista" si los hubo, en el combate extendido que planteaba América a los cristianos.

Un aspecto muy llamativo rodea, no obstante a los episodios bélicos que hemos reseñado, y tiene que ver fundamentalmente con la viruela.

Cuando consuma el ataque contra la caravana de españoles, el jefe azteca de entonces (quien junto con muchos de sus seguidores, morirá a las pocas horas de haber obligado a retirarse de la ciudad al invasor) no da continuidad a su despliegue. Dada la inferioridad numérica y el campo de batalla en el cual se desarrollaron los hechos, los expedicionarios peninsulares bien pudieron haber sido masacrados.

Hubo durante mucho tiempo dudas entre los historiadores acerca del porqué de este aparente "acto piadoso" por parte del ejército indígena. Se llegó a decir, incluso, que los aztecas tenían cierto prurito religioso respecto de combatir en la oscuridad, o que incluso, temían ser castigados por alguna fuerza suprema si no

Representación de la "Noche triste". Un combate en el que los nativos sorprendieron a los conquistadores y les generaron muchísimas bajas.

dejaban una porción de hombres blancos vivos, como si proyectaran en ellos la posibilidad de redimirse.

El ensayista e historiador norteamericano, William H. McNeill sostiene que la verdadera razón de esa pasividad bélica se debió centralmente a la viruela.

Esta tesis asegura que Cuitláhuac (sucesor de Moctezuma) y los suyos no reaccionaron debido a estar afectados por dicha enfermedad y en consecuencia por una merma cualitativa que les impedía la certeza del reflejo guerrero: "...en lugar de aprovechar su éxito inicial y de expulsar del país a la pequeña banda de españoles, como habría sido de esperar...".

Postula el investigador norteamericano, cuya aseveración acabó siendo confirmada por estudios al respecto.

LA RECUPERACIÓN

Mientras los españoles se refugiaban en Tlaxcala, Cuitláhuac era consagrado el sucesor de Moctezuma, señor de Iztapalapa, como tlatoani o rey de México-Tenochtitlán, el 7 de septiembre de 1520. Sus primeras medidas como nuevo emperador fueron reorganizar al ejército y también al pueblo méxica. Reconstruyó el templo mayor y fortificó la ciudad.

Cortés era consciente, en particular, de que una recuperación posible se basaba en renovar las alianzas que alguna vez había conseguido insinuar en forma incipiente.

En este punto coincidía también Cuitláhuac, que con toda persuasión se acercó a los pueblos vecinos pidiendo ayuda. Acude incluso a los tlaxcaltecas, sus tradicionales enemigos, que se niegan a unírsele. No son los únicos. Dentro de sus mismas huestes se revelaban grupos insurrectos que apoyaban la presencia española.

Una vez prudentemente alejado de Tenochtitlán, Cortés, al igual que su enemigo, recurre a los tlaxcaltecas, fuertemente enemistados con la dinastía y el pueblo de Moctezuma. Aliados contra un enemigo común, los ejércitos de Cortés y este grupo aborigen se organizaron para un ataque frontal contra el Imperio Azteca. Los preparativos durarían exactamente once meses. La alianza reunió una tropa formidable.

El 30 de mayo de 1521, los aliados dieron comienzo al asedio efectivo de Tenochtitlán. 80.000 guerreros tlaxcaltecas fueron concentrados en esa operación, y reforzadas las tropas reales con la llegada de expediciones que Cortés consiguió para sí mediante distintos acuerdos políticos y promesas.

Desde finales de abril de ese mismo año, trece bergantines fuertemente armados serían enviados a participar del asedio de aquella fantástica ciudad que hoy conocemos como México.

Una plaga vino a sumarse a la amenaza de los extranjeros: la viruela negra, enfermedad que no se conocía en América y cuyos efectos mortales se dejaron sentir de inmediato. La viruela, que ya se había instalado en la población azteca, fue el principal aliado de los españoles. De no haber estallado la enfermedad subrayada por el historiador McNeill, la victoria española en México no habría resultado, al menos, tan lineal como se ha supuesto hasta hoy.

Durante el año en el cual Cortés reagrupó fuerzas, el contagio hizo estragos entre la población azteca de tal modo que, para cuando se produjo el asedio propiamente dicho, los méxicas estaban severamente debilitados y limitados en su capacidad de lucha.

Las crónicas indígenas se refieren, también, a la epidemia y el asedio, que se traduce en una profunda hambruna. Sesenta días duró el teozáhuatl (nombre náhuatl de la epidemia), que alcanzó también al emperador, Cuitláhuac. Su muerte se produce a los 44 años de edad y a los 80 días de su consagración, Se suma a esta desgracia azteca la captura del príncipe Cuauhtémoc, hijo de Cuitláhuac que antes había sido designado en lugar de Moctezuma II.

Así, para el 13 de agosto de 1521, Cortés era prácticamente amo y señor del territorio mexicano.

En 1529, tras haber tributado opulentas cargas de oro a su majestad, Hernán Cortés fue convocado por Carlos V a la metrópoli. Llegó al puerto de Palos henchido de orgullo, sabiendo que su tarea había superado todo pronóstico.

El emperador lo recibió en Toledo con los honores del caso. Entonces, si bien no le restituyó el gobierno de Nueva España, cosa que ansiaba especialmente el extremeño, en cambio le otorgó el título de marqués del Valle de Oaxaca. Esto no fue todo. Cortés también recibió como recompensa 22 villas y 23.000 vasallos.

Aunque en los hechos seguía siendo concubino de Malinche, esto no contaba en Europa; dicha relación se consideraba apenas un detalle carnal (y estratégico) en la vida del hombre. Así pues, Hernán Cortés, viudo ante la ley cristiana y española estaba apto para el matrimonio, institución en la cual reincidió. Contrajo nupcias con Juana de Zúñiga, hija del conde de Águila. Regresó a México hacia mediados de 1530.

Nueva España se encontraba entonces perturbada debido a los desmanes de Nuño Beltrán de Guzmán, que había sido nombrado presidente de la primera audiencia. Cortés tuvo que hacer frente a los poderes hispánicos, que le impidieron la entrada a la capital.

Tenaz, en su último aliento de aventurero, Cortés emprendió en 1535 una tercera expedición yendo personalmente al frente de ella. Fundó entonces una pequeña colonia en la bahía de la Paz, que designó como de la Santa Cruz. Más tarde aquello se llamó California.

Luego de un año de gobierno, regresó a México. Asistió luego a Francisco Pizarro, enviándole dos naves con rumbo al Perú para auxiliar al extremeño, sitiado en Lima.

Para hacer defensa de sus derechos, Cortés emprendió un nuevo viaje a España. Entre otras cosas dirigió allí un memorial a Carlos V quejándose de agravios e infortunios.

Con intención de regresar a México, llegó a Castilleja de la Cuesta, cerca de Sevilla, donde dictó su testamento. El 2 de diciembre de 1547 murió a la edad de 62 años. Le sobrevivieron su mujer, sus dos primeros hijos Martín y Luis; así como el otro Martín que había tenido con Malinche, y María, Catalina y Juana, nacidas de su última esposa Juana Zúñiga.

Aquellos restantes años de su vida, "atrapado" en España, fueron para Cortés un tiempo difícil en el que se vio envuelto en una serie de litigios agobiantes e infértiles para su naturaleza conquistadora.

El entierro de Cortés se realizó en la iglesia de San Isidoro del Campo, en Sevilla. Varios años más tarde, sus restos fueron trasladados a Nueva España y sepultados junto al convento de San Francisco, en Texcoco.

Luego pasarían a depositarse en la capilla mayor del convento de San Francisco, en la ciudad de México. Su último destino fue la iglesia de Jesús Nazareno, contigua al Hospital de Jesús, fundado por el propio extremeño.

Los conquistadores españoles deshaciéndose
del cuerpo de Moctezuma. Códice
Florentino, siglo XVI.

Capítulo III

Pizarro entre el oro

Francisco Pizarro es quizás la figura más controvertida de la conquista española en América por los muchos crímenes que se le han adjudicado.

A diferencia de Cortés, que conjuga un poco de todos los rasgos característicos entre sus colegas, Pizarro ofrece la caricatura del conquistador analfabeto, violento, ambicioso.

Casi un paradigma del hombre blanco que llega al Nuevo Mundo con poco y nada que perder, se ha dicho hasta el cansancio de Pizarro que su extracción socioeconómica en España era ciertamente baja. Como principal latiguillo al respecto, suele repetirse el dato de que su primer oficio habría consistido en pastorear cerdos.

Hoy día en Trujillo –ciudad natal del aventurero– hay antiguos vecinos conocedores de la historia local que niegan la existencia de un Pizarro porquerizo. En cualquier caso, si lo fue o no, es apenas un dato de color que resulta poco relevante frente a su itinerario posterior.

Para bien o mal de su apellido, la vida de Francisco Pizarro González, nacido el 16 de marzo de 1476, ha generado y genera grandes polémicas. Muchos acusan la violencia de su accionar, condenan la voracidad por el oro y las matanzas que bajo su espada dejaron ríos de sangre en el Perú. Otros rescatan al temerario, al verdadero adelantado, esa entidad anfibia que orada mar y tierra como un meteorito, abriendo socavones necesarios para los pilares de la cultura hispánica en aquel emblemático Virreinato.

No está en duda, en cambio –y contra la tesis que lo tilda de advenedizo sin antecedentes familiares en la milicia– una pertenencia de sangre con relación al arte de la guerra: Francisco es hijo natural del coronel Gonzalo Pizarro Rodríguez de Aguilar, y Francisca González Mateos, doncella de doña Beatriz Pizarro (tía del militar), criada de la casa.

Don Gonzalo tuvo otro hijo, también fuera de matrimonio, bautizado como su padre. Francisco y Gonzalo compartieron, siendo medio hermanos, la austeridad de serlo y el destino americano. Movilizados por estímulos parecidos se enrolarían juntos, primero en la milicia regular y luego en las flotas con las que zarparían al Nuevo Mundo.

Las madres de los Pizarro eran campesinas sencillas. No pudieron darles esmerada educación a sus hijos, ellos tampoco se preocuparon prioritariamente por este aspecto: eran analfabetos pero convencidos de su fuerza. Resulta así previsible que los dos jóvenes eligieran la milicia como un medio de promoción social y económica, frecuente entre hijos de hidalgos y otros que ni siquiera lo eran. Consecutivamente, el hacerse a la mar imprimía en ese potencial ascenso el "acelerador" hacia blasones propios del hombre que se construye a sí mismo y del cual Francisco Pizarro es casi un paradigma.

A los veinte años de edad los hermanos se alistan con Gonzalo Fernández de Córdoba (el "Gran Capitán") y hacen sus primeras armas como parte de los tercios españoles que luchaban en Italia contra los franceses en las llamadas "campañas de Nápoles".

Cuando vuelve a España, Francisco consigue embarcar en la flota de Nicolás de Ovando, que partía a La Española, cabeza de playa inmensa y universal, plataforma al éxito para quien supiera aprovecharla. Una vez instalado en aquella controvertida isla (también bautizada como "Embajada de los truhanes" o "Escuela de malandrines" en menciones peyorativas), Pizarro hace lo que todos: un poco de guerra, un poco de política, un poco de "inteligencia". Ha llegado en 1502 y permanecerá "aprendiendo" durante casi una década. Va y viene, digiere procedimientos, metaboliza actitudes, husmea el ambiente. Acumula, cual universitario de la praxis, un conocimiento indispensable para acceder a mejores oportunidades que sabe le tocarán en su momento. Comprende, entre otras cosas, que la distancia relativiza mucho la verticalidad monárquica.

Muchas decisiones, sobre las que nuestro personaje incide y participa activamente, eran resultado de lo que sucedía en la taberna, en el juego de dados, en tragos, en apuestas, en presagios. Así se formaban alianzas, se preparaban campañas, se actuaba, a veces, con creatividad. Francisco, con el tiempo, empieza a provocar esas situaciones y a aprovechar los escenarios resultantes.

Esta primera América hispana, este "nido de halcones" según gusta calificar Arciniegas, era un espacio en donde todos se sabían de paso, transitoriamente, incluso si el tránsito duraba una década. Los herederos políticos de Colón, sus hijos, el "Bachiller" Enciso, Juan de la Cosa, el propio Cortés; la médula de América poblada por españoles que abrían los ojos en todas direcciones fue la verdadera cuna política y militar de Pizarro.

Como consecuencia de aquellos contubernios algo caóticos, en 1509, Francisco resuelve incorporarse al grupo de Alonso de Ojeda y marcha con él. Participa en la fundación de las villas de San Sebastián y de Santa María la Antigua del Darién.

Cuatro años más tarde hará un largo recorrido por el istmo de Panamá, junto a Vasco Núñez de Balboa. Dicho viaje, antecedente clave en el descubrimiento del "Mar del Sur", significó una experiencia determinante para el Pizarro previo a Perú.

Durante los años siguientes participó en expediciones que recorrieron costas del mar del Sur rastreando el oro y las perlas que se decían existir. En 1519 formó parte del grupo que, capitaneado por Pedro Arias Dávila, fundó la ciudad de Panamá. Allí escaló y peleó políticamente en el precario contexto legal, oficiando de encomendero primero, hasta llegar a ejercer como alcalde de la misma.

Algunas versiones aseguran que fruto de estas gestiones personales, signadas por su natural picardía, llegó a acumular una fortuna considerable. Pero aunque la situación económica de Pizarro y Almagro fuera holgada no lo era tanto como para afrontar la contratación que requería avanzar en el Perú. Los socios no pudieron poner otra cosa que su industria personal y su experiencia. No tenían capitales propios para financiarlo y debieron recurrir a su habilidad para convencer y reunir los recursos en metálico que respaldarían la empresa.

LA CONQUISTA DEL PERÚ: DEL CORRAL AL IMPERIO

En 1524, Pizarro hace alianza con Diego de Almagro y Hernando de Luque, un clérigo influyente en Panamá. El trío se mancomuna inspirado por un sueño mítico conocido como "El

Biru" o "Piru" en lengua nativa: antecedente etimológico que deriva cacofónicamente en "Perú".

Aunque a tientas, con muy poca información, estaban apuntando, nada menos que al corazón del Imperio Inca. Mucho se había dicho de aquellas tierras, pero todo entonces era relativo. La referencia más temprana que se conoce de la zona pertenece a Pascual de Andagoya (1490-1548), cronista español autor de "La relación de los sucesos de pedrarias Dávila en las provincias de Tierra Firme o Castilla del Oro, y de lo ocurrido en el descubrimiento de la mar del Sur y costas del Perú y Nicaragua".

El grupo de Pizarro coincidirá en su llegada con el esplendor del imperio del Tawantinsuyu. Para entonces el Perú está alcanzando prácticamente la cima evolutiva de una vertiginosa civilización que había nacido como fruto de una alianza entre tribus. Se trataba del mismo pueblo que –en menos de 200 años– había pasado de ser una simple formación tribal a constituir un dilatado imperio, dominante sobre más de 5.000 km de norte a sur.

¿Qué extraño designio puso a Pizarro en dichas extensiones cuando sus habitantes habían alcanzado su punto más alto, acaso la meta y por consiguiente el principio del declive?

El encuentro –el choque– casi parece dictado por una dinámica argumental destinada a precipitar los acontecimientos.

Pedro Cieza de León define algo vagamente las dimensiones del territorio en cuestión: "…lo que se entiende por Perú, que es de Quito hasta la villa de Plata (Sucre, Bolivia) tiene longitud setecientas leguas, que se extienden de norte a sur, y tendrá por lo más ancho de levante a poniente poco más de cien leguas".

A partir del siglo XIV, el Estado centralizado inca concentra una base fundamentalmente económica que la sustenta. Al norte, poblados y aldeas dispersas de agricultores simples; la Amazonía: una región inmensa con un bajo promedio de población, dedicada al cultivo, lo cual implica cierto nomadismo. En cambio, en el sur, cultivos incipientes alternaban con tribus de recolectores. Los límites del Imperio Inca se asentaron respaldados por grupos con una agricultura integrada, una estructura económica y un sistema productivo, articulado desde el Cusco.

Que la evolución vertiginosa que llevó a los grupos tribales del 1300 d.C. a una sociedad imperial entre el 1400 y 1537 colapsara con la presencia de Pizarro, es un hecho notable: hace pensar a la Historia como un plan guionado donde alguien experimenta con dos tipos de inteligencia, de cultura, en distintos niveles de expansión.

Al asignarse las responsabilidades de la expedición, Pizarro jugó una carta fuerte: decidió comandarla. Almagro se encargaría del abastecimiento militar y de alimentos, y Luque de las finanzas y provisiones.

Un cuarto asociado, el licenciado Espinosa, que evitó, por razones legales, figurar oficialmente, sería el que más financiara las expediciones hacia el Perú. De ser así, este "mecenas" es un protagonista clave del poder de Pizarro.

¿Cómo se llega a que en poco más de treinta minutos de combate, el 15 de noviembre de 1532, el extraordinario imperio de los Incas, con cien años de esplendor, quede sujeto a la Corona española?

Al comienzo de las campañas en México, los aztecas creyeron sagrado al español. Los barbados eran reconocidos como "teúles". En el Perú, los incas también vacilaron y muchos quedaron sobrecogidos ante el poder nuevo de los españoles: los llamaban "Viracochas" (enviados de Dios) y les temían en proporción.

El Imperio Inca había alcanzado su máximo esplendor durante el mandato de Huayna Capac. La totalidad de la región conquistada o Tahuantinsuyo, como también se conocía al imperio, se extendía hasta el río Maule, perteneciente en la actualidad a Chile. En 1525, poco antes de morir el monarca y deseando evitar cual-

Francisco Pizarro fue quien llevó a cabo la conquista del Imperio Inca.

quier disputa entre sus hijos, dispone la división de tan amplio territorio entregando a su primogénito Huáscar el mandato del sur, y a Atahualpa, su segundo hijo, el área del norte; de tal manera que ambos fuesen coronados emperadores incas.

Pareciera ser que en un principio esta decisión fue aceptada por ambos hermanos, pero hacia 1530 comienzan a producirse enfrentamientos que derivan en una lucha civil por el control del imperio. En cuanto al poderío estrictamente militar, Atahualpa corría con ventaja frente a su hermano, puesto que contaba con el poderoso ejército imperial y experimentados generales que habían jurado lealtad al monarca.

El primer choque se produjo en Tomebamba, un lugar estratégicamente favorable a Atahualpa que conocía esa región al detalle. Luego de días y días de brutal combate, donde los enfrentamientos demostraron el equilibrio de ambas fuerzas, se produjo la gran batalla junto al río Apurimac, en donde Huáscar fue derrotado y apresado. Atahualpa ocupó Cusco y ordenó la muerte de todos los miembros de la familia, para evitarse, en un futuro, cualquier posibilidad de rebelión.

ATAHUALPA Y PIZARRO

El carácter, la religión y las costumbres de los antiguos peruanos ofrecían un contraste notable con respecto los méxicas que había tratado Cortés. Mientras que éste se encontró con una civilización que miraba al sol, a Pizarro, en cambio, le tocó domeñar a una cultura belicosa y sanguinaria. A pesar de esta diferencia, en cuanto a la estrategia, Pizarro imita a Cortés. Una vez que tiene cercado al jefe, lo trata amablemente fingiendo que es un buen amigo suyo. Disfraza esa relación hostil con una alianza. Alianza falsa, que simula pero que a la vez disfruta. El cautivo se transforma en "invitado", un huésped al que hay que "tener suelto sin prisión" precisamente para que el cautiverio funcionara en sintonía con los planes extorsivos tan utilizados por los conquistadores españoles.

Cuatro años después de la muerte del inca Huayna Cápac, Atahualpa asumiría el poder del Imperio. Tenía veintinueve años de edad, y sería el último soberano de la dinastía inca. En el primer viaje Pizarro partió con un solo buque, tripulado por ciento doce soldados. Los jefes apenas conocían los caprichos del mar del Sur y eligieron una época desfavorable en materia de vientos. Tras varias paradas en el derrotero, llegó a destino tras ochenta días de navegación y con treinta hombres menos, muertos en el trayecto. Agotado, decidió detenerse en una costa a la que bautizó "Puerto del Hambre".

Así relata las increíbles peripecias el cronista sevillano Francisco de Jerez:

> ...saltaron en tierra en un puerto que después se llamó de la Hambre; en muchos de los puertos que antes hallaron habían tomado tierra, y por no hallar poblaciones los dejaban; y en este puerto se quedó el capitán con ochenta hombres (que los demás ya eran muertos); y porque los mantenimientos se habían acabado, y en aquella tierra no los había, envió el navío con los marineros y un capitán a las islas de las Perlas, que están en el término de Panamá, para que trajese mantenimientos, porque pensó que en el término de diez o doce días sería socorrido; y como la fortuna siempre o las más veces es adversa, el navío se detuvo en ir y volver cuarenta y siete días, y en este tiempo se sustentaron el capitán y los que con él estaban con un marisco que cogían de la costa del mar con gran trabajo, y algunos por estar debilitados, cogiéndolo se morían. En este tiempo que el navío tardó en ir y volver murieron más de veinte hombres; cuando el navío volvió con el socorro del bastimento, dijeron el capitán y los marineros que, como no habían llevado bastimentos, a la ida comieron un cuero de vaca curtido, que llevaban

para zurrones de la bomba, y cocido lo repartieron. Con el bastimento que el navío trajo, que fue maíz y puercos, se reformó la gente que quedaba viva; y de allí partió el capitán en seguimiento de su viaje, y llegó a un pueblo situado sobre la mar, que está en una fuerza alta, cercado el pueblo de palenque; allí fallaron harto mantenimiento, y el pueblo desamparado de los naturales, y otro día vino mucha gente de guerra; y como eran belicosos y bien armados, y los cristianos estaban extenuados por el hambre y trabajos pasados, fueron desbaratados, y el capitán ferido de siete heridas, la menor dellas peligrosa de muerte; y creyendo los indios que lo hirieron que quedaba muerto, lo dejaron; fueron feridos con él otros diez y siete hombres, y cinco muertos; visto por el capitán este desbarato, y el poco remedio que allí había para curarse y reformar su gente, embarcose y volvió a la tierra de Panamá, y desembarcó en un pueblo de indios cerca de la isla de las Perlas, que se llama Cuchama; de allí envió el navío a Panamá porque ya no se podía sostener en el agua. Y hizo saber a Pedrarias todo lo sucedido, y quedose curando a sí y a sus compañeros. Cuando este navío llegó a Panamá, pocos días antes había salido en seguimiento y busca del capitán Pizarro el capitán Diego de Almagro, su compañero, con otro navío y con setenta hombres, y navegó hasta llegar al pueblo donde el capitán Pizarro fue desbaratado; y el capitán Almagro hubo otro reencuentro con los indios de aquel pueblo y le quebraron un ojo, y hirieron muchos cristianos; con todo esto, ficieron a los indios desamparar el pueblo y lo quemaron.

Finalmente, aprovisionados con refuerzos que trajo Almagro, navegaron ambos en un mismo barco hasta el río San Juan. Allí empiezan a difundirse historias que hablan de nativos ricamente aderezados con adornos colgantes. Adornos grandes, rústicamente pulidos, de oro puro. Las noticias acerca de la riqueza escondida movilizarían a toda la tripulación, y los tiempos de la América desbordada por la ambición áurea ya maduran.

Entre los integrantes de la expedición corren rumores de haberse localizado más y más señales de metales preciosos. Almagro vuelve otra vez a Panamá en busca de nuevos refuerzos y alimentos.

En 1526, Pizarro y sus hombres toman una isla a la que llaman "el Gallo". La nave debe regresar a Panamá, donde el nuevo gobernador de Castilla del Oro, Pedro de los Ríos, decidirá poner fin a la expedición. Pizarro quiso seguir adelante y planteó a sus compañeros la posibilidad de continuar o regresar.

El grupo integrado por quienes decidieron seguir, se recordaría más tarde con el nombre de "Trece de la fama." La expedición continuó con este pequeño núcleo de hombres y es a lo largo de ese viaje que a Pizarro se le reveló la dimensión del Imperio Inca.

Pizarro volvió a España en 1528 cargado de regalos para Carlos V, pidiéndole la gobernación de las tierras descubiertas para él mismo, el título de adelantado para Almagro y el obispado para Luque.

El 26 de julio de 1529, Isabel de Portugal firmó –como regente– las capitulaciones para la conquista del Perú, con el nombre oficial, entonces, de Nueva Castilla. Además, Pizarro fue designado capitán general y alguacil mayor. Recibió, incluso, su propio escudo de armas, en el cual ya aparecían elementos alusivos al Perú.

En 1530 parte otra vez Pizarro al nuevo continente. Al llegar a Panamá organiza con Almagro y Luque la expedición comprometida en las capitulaciones. Se detiene en Coaque (Ecuador), donde un año más tarde se les une Sebastián de Belalcázar. Al llegar a la isla ecuatoriana de Puná, se les agrega Hernando de Soto.

El 15 de noviembre, cuando la expedición entra en Cajamarca, se encuentran con el inesperado escenario de un imperio debilitado por las guerras civiles. Es allí donde Pizarro conoce al inca Atahualpa.

El grabado representa la llegada de Francisco Pizarro y Diego de Almagro al Perú. Luego, los conquistadores aprovecharon los conflictos internos entre los incas para generar una guerra civil entre ellos.

EL SECUESTRO DE UN MONARCA

Atahualpa descansaba, entonces, de las duras campañas que había sostenido contra su hermanastro Huáscar por la sucesión al máximo cargo del Tahuantinsuyo. Era agasajado por el señor de Chincha, pero sus generales batallaban en distintas regiones del imperio asentando esa primera instancia del joven soberano. Paradójicamente no estaban con él. Esta iliquidez estratégica marcó uno de los grandes desajustes de fuerzas.

No puede omitirse aquí un aspecto fundamental en el debilitamiento del incario. Él mismo había sido contaminado en masa, otra vez, como en México, por una nueva variante de enfermedad en América. Así da cuenta de ello el historiador McNeill, cuando asegura que incluso, una vez pasados los estragos iniciales de la viruela, que mató aproximadamente a un tercio de la población total, no prevaleció nada que se pareciera a una estabilidad epidemiológica.

Si la viruela había hecho lo suyo, detrás vendría el sarampión expandiéndose desde México y hasta Perú entre 1530 y 1531. Durante este lapso las muertes fueron frecuentes, devastadoras, como cabe esperar cuando tal enfermedad encuentra una población virgen lo bastante densa como para mantener viva la cadena del contagio.

Así, la microbiología se sumaba a la falta de tropa inca. Pero este segundo problema era paradójico, porque las fuerzas unidas del imperio hubiesen desproporcionado a los españoles, sin dejarles la menor posibilidad de éxito. Una avanzada de españoles, mientras tanto, al mando de Hernando de Soto, desconcertó al inca mayor, dejando sobre él una sombra de temor. Entre invitaciones conminatorias y recelos, Atahualpa finalmente aceptó la cita amistosa de Pizarro en la plaza de Cajamarca. El indio se presentaría a estudiar al extraño, no sin cierto respeto, pero guardando prudencia. Llegaría acompañado de una multitud de los suyos.

Poco había andado Pizarro desde San Miguel al encuentro del inca, cuando se le presentó un enviado del monarca con regalos imponentes y la invitación formal de establecer un encuentro amistoso. Emulando a Cortés, saboreando la trampa que siente perfecta, Pizarro actúa amablemente y le declara la intención de ofrecer a Atahualpa su auxilio contra los conspiradores que le disputaban la corona.

Camino al "encuentro", la hueste de Pizarro hubo de atravesar un desfiladero tan estrecho donde cualquier invasor, ante un enemigo común, habría encontrado la tumba. Pero la cultura de los pueblos en esa zona establecía claramente que los parlamentos y acuerdos iniciales con cualquier extraño, una vez planteados, debían ser respetados.

Pizarro entró en la zona pautada en noviembre de 1532. Tomó posesión de un gran patio que fortificó para prevenirse a un golpe de mano; y sabiendo que Atahualpa celebraba una gran fiesta en su campamento a una legua de la ciudad, mandó allí a Fernando de Soto. Llevaba el encargo de "confirmar las seguridades" y formular los términos del acuerdo con el inca.

¡A LAS ARMAS…!

Atahualpa recibió a los emisarios con respeto y amistad, y les expresó que iría, él mismo, al día siguiente, a visitar al caudillo. Cuando Atahualpa llegó a la plaza al frente de su ejército desarmado y con actitud negociadora, las cosas no resultaron tan pacíficas.

Pizarro, cumpliendo su plan, dividió a sus sesenta jinetes en tres pelotones al mando de Soto, Benalcázar y su hermano Fernando; formó un solo escuadrón con la infantería, exceptuando veinte hombres escogidos que debían ir con él dondequiera que el peligro lo exigiese (su "guardia pretoriana" por así decirlo), y mandó colocar las dos piezas de artillería delante del camino por donde debía llegar el inca.

El 16 de noviembre, Atahualpa sale de su campamento para visitar a Pizarro. Pero pretendiendo impresionar al invasor para darle una acabada idea de su poder, organizó una marcha donde había muchos, muchos hombres: "…en la delantera traían armas secretas debajo de las camisetas, que eran jubones de algodón fuertes, y talegas de piedras y hondas…".

Tras esa cabecera, la procesión de Atahualpa fue entrando en la plaza precedida por un escuadrón de indios vestidos con una librea de colores. Distintas escuadras de indios, ataviados de diferente manera, se iban desplegando como una comparsa enorme que mostraba su poderío.

Así lo vio Pizarro. El cortejo de Atahualpa cantaba y bailaba. Muchos indios exhibían armaduras, patenas y coronas de oro y plata.

Atahualpa iba en una litera forrada y las almohadas estaban rellenas con plumas de papagayos de muchos colores.

En cuanto Pizarro descubrió al inca, envió a su encuentro al padre Valverde, limosnero de la expedición. El sacerdote avanzó llevando un crucifijo en una mano y la Biblia en la otra. Al verse a centímetros del inca, el cura le dijo:

> Yo soy un sacerdote de Dios; yo enseño a los cristianos las cosas del Señor, y vengo a enseñároslas a vosotros. Yo enseño lo que nos ha enseñado Dios y que está contenido en este libro. En cualidad de tal te ruego de parte de Dios de los cristianos que seas su amigo, porque Dios lo quiere, y será para tu bien: ve a hablar al gobernador que te aguarda.

Vaya uno a saber lo que tradujo su intérprete.

Atahualpa pidió ver el libro que tenía el sacerdote. Lo estudió, lo dio vueltas: no podía abrirlo. Finalmente, despreciando el gesto de Valverde que le ofrecía mostrarle cómo hacerlo, Atahualpa abrió el libro. Vio los caracteres en el papel. No se admiró, se asustó y lo lanzó como si fuera una piedra: "Estoy bien instruido de lo que habéis hecho en el camino, y de cómo habéis tratado a mis caciques y pillado las casas", dijo el inc".

"Los cristianos no han hecho esto –argumentó el padre Valverde–; sino que habiéndose algunos indios llevado sus efectos sin que el gobernador lo supiese, éste los ha despedido".

"¡Pues bien! –replicó Atahualpa– no me moveré de aquí hasta que me sea todo devuelto".

El porte noble del monarca, el orden que reinaba en su corte, el respeto con que se acercaban los súbditos impresionó a los españoles. Pero observaron especialmente, en ese insensato desfile, las inmensas riquezas visibles, los adornos que llevaban sobre sus personas el inca y los nobles de su séquito, los vasos de oro y plata, la opulencia.

El clérigo volvió al gobernador con esta respuesta, mientras que el inca poniéndose de pie en su litera exhortaba a los suyos a que estuviesen preparados para lo que pudiese suceder. El cronista Zárate refiere este hecho en forma similar, pero añade que cuando el padre Valverde vio las Santas Escrituras profanadas por el inca, que había arrojado el libro santo al suelo, exclamó lleno de indignación: "¡A las armas, españoles! ¡A las armas!"

En cualquier caso, Pizarro, que durante esta conferencia habría podido hacer poco para contener a sus soldados, impacientes por lanzarse sobre las riquezas que tenían a la vista, dio la señal de ataque.

Sonaron las armas españolas; vomitaron fuego mosquetes y cañones, mientras embestían los caballos, y la infantería caía con toda la fuerza de las espadas sobre los aborígenes. Estos quedaron casi paralizados. Las armas de fuego y la incontenible arremetida los superaron.

Pizarro a la cabeza de su tropa de elite se lanzaba por su parte sobre el inca, y si bien los más bravos de la guardia aborigen se apiñaban en torno del monarca, formando un escudo humano con sus cuerpos, sacrificándose en su defensa, el español llegó hasta él, lo sacó de su cama rodante y se lo llevó, literalmente secuestrado.

Ese fue el gran golpe. El ataque urdido bajo el disfraz de alianza, de negociación, se reveló como un secuestro extorsivo que es, finalmente, la chispa que produce la explosión conquistadora.

La prisión del monarca aceleró la derrota de sus tropas:

Los españoles las persiguieron por todas partes, y continuaron degollando a sangre fría a los fugitivos que no oponían la menor resistencia. La noche puso fin a la matanza en la que perecieron más de cuatro mil peruanos. No murió ningún español, y solo Pizarro fue ligeramente herido en la mano por uno de sus propios soldados, en la prisa que se dio para apoderarse de la persona del inca.[13]

ATAHUALPA PRESO

Atahualpa no convivía bien con el cautiverio, apesadumbrado por el desconcierto en el que lo había sumido semejante captura. Pizarro simulaba que el indio era un huésped, pero ambos entendían la verdad. Con la esperanza de obtener su libertad satisfaciendo la avaricia del extremeño, Atahualpa ofrece una cantidad de oro que desborda la codicia de Pizarro. Temiendo perder las ventajas que podía sacar de un preso tan importante, Pizarro lo cuidaba. Lo confundía. Especulaba. Tuvieron lugar allí, en esa relación, los engaños típicamente conquistadores que desorientan al indio. Atahualpa malentiende la magnitud de ese poder inicial, al que podría haber aniquilado en segundos. Y así, quizás, hacer imposible la instauración de un poder europeo.

Pero el malentendido se iba convirtiendo en promesas imposibles como llenar cuartos con oro. Cuartos más grandes, más ejércitos, más armas, más oro, la guerra y la conquista devienen en fábrica; acelerador de una psicología ligada a la acumulación.

Atahualpa entregaría, según las crónicas:

> ...de oro una sala que tiene veinte y dos pies en largo y diez y siete en ancho, llena hasta una raya blanca que está a la mitad del altor de la sala, que será lo que dijo de altura de estado y medio, y dijo que hasta allí henchiría la sala de diversas piezas de oro, cántaros, ollas

---

[13]Lebrún, Henri: *Historia de la conquista del Perú y de Pizarro.*

El dibujo de Poma de Ayala da cuenta de la detención de Atahualpa a manos de Francisco Pizarro. El cacique inca creyó en todo momento que el pago en oro solicitado por los conquistadores le devolvería la libertad. No fue así. Luego de cobrado el rescate, Atahualpa fue ahorcado.

y tejuelas, y otras piezas, y que de plata daría todo aquel bohío dos veces lleno, y que esto cumpliría dentro de dos meses.

La propuesta del inca fue aceptada, y Atahualpa, entusiasmado con la idea de recobrar pronto su libertad, tomó medidas para cumplir sus compromisos, y despachó mensajeros a todas las provincias a fin de reunir el botín prometido.

Fernando de Soto y Pedro del Barco acompañaron, pletóricos, a los enviados que iban a Cusco. Sabían que mientras el inca estuviese "alojado" por Pizarro, ellos eran intocables. Y, en efecto, fueron recibidos con el más profundo respeto en todo su itinerario.

El buen éxito, completo y rápido, que acababan de alcanzar redobló la confianza y audacia de los conquistadores.

No hay caso parecido en la historia donde tamaña fortuna fuese adquirida con tan escaso número de soldados. Muchos de estos expedicionarios, encontrándose más ricos de lo que nunca se habían imaginado, pedían licencia para volver a España, a disfrutar de las riquezas. Pizarro autorizó a un pequeño grupo integrado por sesenta hombres a que acompañasen de regreso a España a su hermano Fernando, al cual encomendó el encargo de relatarle al emperador lo sucedido y llevarle los tesoros que le correspondían.

Hecha la cobranza y reparto de su rescate, Atahualpa reclamó a Pizarro su libertad; pero el general ni siquiera había estimado esta posibilidad. Su objetivo era exprimir al máximo todo el oro disponible y luego matarlo.

Soldados españoles llegaron hasta Cusco, la capital inca, y regresaron con más noticias sobre sus riquezas. En Cajamarca se incorporaron Almagro y sus hombres y el 18 de junio de 1533, reunidos los dos socios supervivientes (Luque había fallecido un año antes), se repartieron el botín. El avance fue rápido y en noviembre de 1533 la hueste hispana se encontró a las puertas de la capital del Tahuantinsuyo, Cusco.

No todo era, sin embargo, tan sencillo; el propio Pizarro tendía a alarmarse por las noticias que le llegaban de las provincias apartadas del imperio: reuníanse tropas y sospechaba que el inca había expedido órdenes al efecto.

En cuanto a las diferentes causas que llevarían a la muerte al desventurado Atahualpa, se añadió pronto otra, que tuvo su origen en el orgullo humillado de Pizarro. Cuando el inca, mediante una astuta argucia, descubrió que su captor no sabía leer, a diferencia de muchos de sus propios subordinados, Atahualpa lo reconoció como un hombre vulgar, con aquella notable deficiencia respecto de su tropa.

Ese pintoresco episodio no hizo más que precipitar la ira del conquistador. Y decidió poner fecha a su ejecución. Pero pretendiendo dar alguna apariencia de justicia a una acción tan arbitraria, Pizarro ordenó que el inca fuese juzgado según las formas observadas en España en las causas criminales. Él mismo, Almagro, y dos oficiales fueron los jueces; un procurador general acusó en nombre del rey; fue encargado de la defensa un abogado, y nombráronse secretarios para redactar las actas del proceso en cuestión.

Previsiblemente, condenaron al soberano inca a ser quemado vivo. Pero al llegar al lugar del suplicio Atahualpa declaró que quería abrazar la religión cristiana: se le hizo saber al gobernador, el cual ordenó que se le bautizase, y el reverendo padre Vicente de Valverde, que trabajaba en su conversión, le administró el sacramento del bautismo. Se conmutó entonces la pena y, en vez de ser quemado, según disponía la sentencia, se lo condenó a la muerte por ahorcamiento.

Al día siguiente de la ejecución, el cadáver de Atahualpa fue descolgado y los religiosos, el gobernador y los demás españoles lo llevaron a la iglesia para darle cristiana sepultura.

Algunos textos hallados sugieren la posibilidad de que la herramienta fáctica de muerte utilizada para ultimar a Atahualpa no haya sido la horca sino el garrote. En cualquier caso, con la desaparición del inca queda garantizada la rápida sumisión del resto de la población nativa ante el poderío de los nuevos "wiracochas".

MUERTE DEL MARQUÉS GOBERNADOR

Francisco Pizarro y sus hombres se encaminaron a tomar la capital del imperio. Varios grupos étnicos rebelándose contra la dominación inca se les suman, entre ellos, los huancas del valle del río Mantaro. La tropa española ve también engrosar sus filas con los incas partidarios del fallecido Huáscar. En el trayecto hacia Cusco, por el camino real inca, se presenta ante Pizarro el hermano de éste, el inca Manco, aportando a la expedición la jerarquía indígena, en su calidad de miembro de la panaka real.

El ingreso a la capital cuzqueña se produjo en noviembre de 1533. Como suele suceder en estos casos, el primer movimiento al llegar a la ciudad conquistada es apoderarse de cuanto tesoro en oro y plata pueda ser hallado por los invasores, con el consiguiente reparto de rigor. Al término de esto, Pizarro, de acuerdo con las capitulaciones de Toledo que establecían que las provincias conquistadas debían ser gobernadas por gentes de aquellas naciones, proclama a Manco II como SapaInca y conmina a la población a reconocerlo como suprema autoridad inca del Cusco.

Una vez establecido en el territorio conquistado, Pizarro, se aboca a una política de repoblamiento: se remodela Cusco en 1534, como ciudad española, y confirma a Juan Pizarro como gobernador de ella. Mientras busca para sí mismo el sitio más propicio para establecer la capital de su gobierno, nombra a Sebastián de Belalcázar gobernador de Quito.

Aunque en un principio fija su residencia y la del Cabildo en la ciudad de Jauja, en 1533, establece finalmente la sede de su gobierno en el valle de Rimac, y es allí, el 18 de enero de 1535, que funda la Ciudad de Los Reyes, cuyo nombre en la actualidad es Lima.

Pizarro asistió personalmente al diseño de la ciudad, que se hizo en forma de damero y en cuyo centro se colocó el Palacio del Gobernador. En ese mismo año en que establece la capital limeña, se quiebra la amistad con Diego de Almagro, su socio en la conquista.

El caso es que desde España, la Corona concede a Almagro el título de gobernador de todos los territorios que siguieran al límite de las concedidas a Pizarro incluyendo la ciudad de Cusco. La enemistad se profundiza alimentando el enojo de Pizarro, y concluye gracias a ciertos ardides políticos del conquistador, con la ejecución pública de Diego de Almagro en junio 1538.

En 1539, el rey Carlos I le otorga el título nobiliario de Marqués de la Conquista como reconocimiento a sus andanzas y posterior apropiamiento del territorio del Perú, y será reconocido de aquí en más como "Marqués Gobernador".

Su ingerencia en cuanto a la conquista americana no se limita al Perú, siendo que en 1540 autoriza la partida de la expedición que organizada por Pedro de Valdivia habrá de conquistar Chile.

Encontrar una explicación lógica a la historia de la conquista de América es imposible. Parece más justo interpretar esta historia como una ficción puesta en marcha, con breves lapsos de experimentación, como si se pusiese deliberadamente a dos razas en conflicto.

La expresión de deseo de Bartolomé de las Casas, incluso, refiere muy distintas características al hablar de conquistadores hispánicos si los comparamos con los sajones, los francos, o hasta los portugueses. Son distintas conquistas. Cuando el Fray asegura que las Indias pertenecían a los indios, cuyo hogar era por voluntad de Dios, y todo lo que en ellas había, mineral, vegetal o animal, de ellos era, mientras que los españoles no tenían otro título para penetrar en ellas que el de llevar en sus carabelas el Evangelio, quizás parezca cándido su discurso. Pero incluye uno de los conflictos auténticos que ni los colonos franceses o ingleses tuvieron: la ley y la fe. Para los españoles, la segunda es más importante que la primera. La fe incluye todo. Es la fe en una cultura. La ley, en cambio, es local y flexible. Puede cambiar. Por eso se rompe la ley. No se vive tanto a la ley como al espacio.

El inglés, en cambio, convierte el espacio en ley. Entra al nuevo espacio a matar, instalar su orden y explotarlo. Esa lucha contra el indio no admite grises. Ésta, en cambio, ofrece mil complicaciones.

Desde el punto de vista amerindio, la asombrada aceptación de la superioridad española era la única respuesta posible, y a la vez la única explicación a la parálisis aborigen. Cotejando tropas, McNeill agrega que: "...la superioridad numérica del Imperio era absoluta, era el local, conocía la geografía, traía la fuerza inercial de una cultura hiperestimulada".

Y sin embargo, tal como expresa el mismo historiador con cierta ironía:

> Por escasos que fueran o por brutales y miserables que se mostraran los españoles, siempre triunfaban. Las estructuras de autoridad nativas se resquebrajaron; los antiguos dioses parecían haber abdicado. La situación estaba madura para las conversiones en masa tan orgullosamente consignadas por los misioneros cristianos. La docilidad a las órdenes de sacerdotes, virreyes, terratenientes, empresarios mineros, recaudadores de impuestos y todo aquel que hablara con voz fuerte y tuviera piel blanca fue otra inevitable consecuencia. Cuando tanto el orden natural como el divino se pronunciaban de forma inequívoca en contra de la tradición y las creencias nativas, ¿qué fundamento quedaba para una resistencia? La extraordinaria facilidad de las conquistas españolas y el éxito con que unos pocos centenares de hombres se aseguraron el control de enormes territorios y millones de personas no sería inteligible sobre ninguna otra base.[14]

Esa misma fe, esa creencia, en el polo positivo es la que tiene Pizarro, llevada, en su caso, a un punto insaciable y conflictivo con sus inmediatos. Este Francisco Pizarro, analfabeto, astuto, temerario, ambicioso, sigue ofreciendo una discusión acerca de hasta dónde cada hombre no es sino la fiel representación de su tiempo.

---

[14]McNeill: Op. Cit.

Fachada de la iglesia de la Merced, ubicada en la peruana ciudad de Cusco; dentro de la iglesia descansan los restos de Gonzalo Pizarro y Diego de Almagro.

De entre todos los tiempos interactuantes en la conquista, sin duda Francisco Pizarro es un tiempo, uno de los ritmos que rigió la marcha en la nueva civilización.

Pizarro sufre un atentado en 1541, a los sesenta y cinco años de edad, a manos de un grupo de almagristas y muere. Varios textos coinciden en la siguiente versión: en la mañana del domingo 26 de junio, Pizarro, tomando en cuenta la recomendación de sus allegados, no cumple con su costumbre de escuchar la misa dominical en la iglesia mayor, celebrándose ésta dentro del palacio. Los conspiradores, sin darse por vencidos, enfilan hacia la residencia, a la cual penetran sin encontrar ninguna resistencia. Ante su vista, todos los presentes huyen despavoridos, dejando a Pizarro, a Martín de Alcántara y sus dos pajes enfrentarse a todos los almagristas. Finalmente Francisco fue herido de muerte tras las dieciséis estocadas que recibió en su habitación, y cuenta la anécdota que expiró no sin antes trazar en el suelo una cruz y exclamar "¡Jesús!".

El cuerpo inerte del conquistador del Perú fue amortajado por su cuñada Inés Muñoz y trasladado a la iglesia mayor donde se le hizo una sepultura provisional. Más tarde fue enterrado definitivamente debajo del altar mayor de la Catedral de Lima, y en 1983 el arqueólogo peruano Hugo Ludeña sacó a la luz sus restos. En la actualidad se encuentra lo que fue el Marqués Gobernador, Francisco Pizarro, en una urna dentro del mismo recinto limeño.

Capítulo IV
El puño de Dios

Pedro de Monguía, Francisco Vázquez y Gonzalo de Zúñiga son los tres cronistas que acompañan a "El Loco" Lope de Aguirre casi hasta el fin de sus andadas. Zúñiga, al registrar con su pluma, ignoraba que él mismo moriría apuñalado por su jefe:

> Había jurado no dejar a vida ningún fraile, salvo mercedarios; también había jurado de matar cuantos letrados topase, oidores, presidentes, obispos y arzobispos, porque decía los dichos señores tenían destruídas las Indias; también tenía jurado de matar a cualquier mala mujer de su cuerpo que topase, por la menor ocasión del mundo que le diese, porque por ellas decía había tantos males en el mundo...

> Gonzalo de Zúñiga, cronista y soldado de Lope de Aguirre. 1561.
> Archivo General de Indias.

Arquetipo del conquistador desbocado; inmerso en un sueño loco y fatal: eso proyecta Lope de Aguirre en la imaginería popular, y es comprensible al repasar los textos que lo mencionan. Sin alejarse demasiado de la verdad histórica, uno puede decir que Aguirre hizo cosas tremendas, pero también muy frecuentes.

Quizás el efecto que provocó "el loco Aguirre" tenga un fondo político inquietante.

La imagen de este conquistador ha sido fruto de numerosas caricaturas y algunos vívidos retratos, empezando por el que trascendió en formato celuloide, ficcionalizado por el cineasta Werner Herzog en su film "Aguirre, la ira de Dios" (la metáfora, en realidad, pertenece a Bartolomé de las Casas, quien la aplica a otro conquistador, al referirse a Pedrarias, personaje que también abordamos en el presente volumen).

El viaje psicológico de este hombre atenazado por la fantasía del propio reino resulta muy expresivo. Se le podría considerar un Prometeo de la guerra, que decide robarse el fuego de América para él.

Lope de Aguirre configura una síntesis del huracán conquistador cuyo visceral independentismo libertario, afiebrado de ímpetu, acaba manifestándose en la desobediencia, en la ruptura con una realidad; con un tiempo y con un lugar. Eso es locura. Pero eso también es conquista y por eso enriquece la caracterología del conquistador con mayúsculas. Pues en la esencia de la misión española habita también esta redención de lo subjetivo. Aún cuando, obviamente, los monarcas Carlos V o Felipe II ni siquiera han de haberlo sospechado.

La tentación dionisíaca de instaurar nuevas reglas, de "crear" la ley en un mundo (sin ley a los ojos de un castellano) existía. Como sigue existiendo hoy.

En clave ficcional, o narrativa, Aguirre fue doblemente llevado al cine. Al de Herzog se suma un título de Carlos Saura,

"El Dorado", estrenada en 1998. En su polémica estampa, el conflictivo atributo del conquistador nato sigue despertando curiosidad.

También en el plano estrictamente literario fue evocado el mítico personaje de Aguirre. Lo recordaron Ramón J. Sénder –en su novela *La aventura equinocial de Lope de Aguirre*, publicada en 1964– y Arturo Úslar Pietri, en *El camino de El Dorado,* publicada en 1947.

Tocaron la figura de Aguirre artistas de otros géneros, como los relatos dibujados de Alberto Breccia y de su hijo Enrique Breccia, hacia 1980. Incluso su geografía involucra evocaciones particulares: "Playa del Tirano" conocida, además, como "Puerto Fermín", al noreste de Isla Margarita, alude al desolador ataque de una flota suicida y rebelde que va quedando empantanada en el interior más visceral de América.

La película de Herzog, estrenada en 1973, ahonda en el explorador, ese que lleva a sus hombres a una muerte segura, huyendo, mientras confronta con fantasmas intemporales y eternos de la naturaleza humana. Pero cuatro siglos antes, cuando en 1536 Francisco Pizarro volvió de Perú con el oro en la boca y el mar en las manos, Aguirre todavía en Sevilla, apenas asomaba a esa tentación delirante que lo llevaría por los ríos de su fértil locura.

"Son cosas reales, pero suceden en trance, son similares a alucinaciones", afirmará el director a la revista *Cinema.*

Trance: eso, definitivamente, es América puesta frente a los ojos de un español. Lope de Aguirre, cual desprendimiento fatídico de Pizarro, se obsesionó con "El Dorado", mítica ciudad, supuestamente oculta en el Amazonas.

Se sabe, a partir de registros históricos, que Aguirre nació en 1511, en el Valle de Araotz, en la provincia de Guipúzcoa, entonces perteneciente al Reino de Castilla. No era el único conquistador guipuzcoano: Juan Sebastián Elcano y muchos otros provenían de la misma región. Aquella pertenencia, por algún misterio que acaso la ciencia algún día revele, los caracterizaba casi como un signo zodiacal en cuanto a una necesidad de llegar hasta el final de las cosas, a cualquier precio, frecuentemente sin medir las consecuencias. Elcano acabó siendo el primer circunvalador del globo terráqueo, mientras que Aguirre…

Como segundo hijo en una familia acomodada pero sin riqueza –la magra herencia dejada por su padre había ido a parar directamente a su hermano mayor– sus opciones eran el sacerdocio, la gran ciudad, o buscar fortuna en América. Abraza esta última, gracias a que vive un tiempo en Andalucía, donde aprende el oficio de domador de caballos y escucha las múltiples historias que corren acerca del Nuevo Mundo.

De la pujante Sevilla parten cada primavera la Carrera de Nueva España (rumbo a Veracruz y otros puertos de América Central y las Antillas) y la Carrera de Tierra Firme (hacia Cartagena de Indias y Porto Bello).

EL LENTO EMERGER DE LA DEMENCIA

Si bien embarcó por primera vez a América siendo joven (hacia 1534, según lo cual contaría con 20 años de edad), la participación más resonante de Aguirre en la conquista (al margen de lo axiológicamente mensurable) se da cuando es ya un hombre mayor.

Hasta los primeros cimbronazos que hacen retumbar su oscura fama, mantiene un perfil juvenil bajo. Durante casi dos décadas es un notario peninsular que hace su trabajo sin dejar, irónicamente, demasiados datos de él en los registros oficiales. Como tal ejerce, sin embargo, demostrando buena caligrafía y dominio del mismo protocolo que luego hará pedazos en la acción pura.

Preserva una buena relación con el primer virrey del Perú, Blasco Núñez Vela, quien llegaría de España hacia 1544, con órdenes de implantar las leyes nuevas, acabar con las encomiendas y liberar a los nativos.

Semejantes leyes no caían bien entre los colonos que ya llevaban en Perú varios años y se beneficiaban reclutando esclavos sin más costo del que impusieron algunos movimientos militares. Así, muchos castellanos disponían de servidumbre a granel cuando no la habían conocido ni en cuentagotas siendo peatones de la metrópoli.

En tal contexto, Aguirre no tan solo se especializa en la pluma sino también en la espada, defendiendo aquellos mismos intereses reales que luego también desafiará.

Las mismas disidencias en cuanto a la administración de las colonias llevó a Gonzalo Pizarro y Francisco de Carvajal a organizar un ejército con la intención de suprimir la molesta legislación. Los sublevados derrotarán a Núñez en 1546.

Tras el derrocamiento, Lope de Aguirre no se plegó a Pizarro (conducta frecuente en los oficiales que querían salvar sus vidas) sino que se mantuvo combatiéndolo, como pudo. Formó, incluso, parte en un complot para liberar al virrey. Pero no le fue bien en ese trance militar. Desde Lima escapa con su tropa a Cajamarca y se dedica a reclutar hombres para ayudar al representante del monarca. Mientras tanto, el virrey había huido por mar a Tumbes e intentaba formar un pequeño ejército, suponiendo que todos se levantarían en favor del poder real.

El enfrentamiento del virrey con Pizarro y su ayudante Francisco de Carvajal (apodado "Demonio de los Andes") subsistió por dos años. Finalmente, el representante oficial del monarca fue derrotado por segunda vez en Añaquito, el 18 de enero de 1546.

Melchor Verdugo y Lope de Aguirre, por su parte, huyeron hacia la actual Nicaragua, embarcando en Trujillo con treinta y tres hombres y con Lope de Aguirre como sargento mayor de la nave.

En 1551 Aguirre vuelve a Potosí, que por aquel entonces formaba parte del Perú. La suerte continúa siendo esquiva a este tenaz personaje. En esta ocasión es arrestado por el juez Francisco de Esquivel, quien lo engrilla bajo la acusación de infringir leyes protectoras de los indios.

El juez no consideró, en su veredicto, las razones de Aguirre, quien impugnaba la sentencia blasonando su condición de hidalgo. Fuertemente custodiado es trasladado al centro mismo de la plaza pública, donde se le aplican veinte latigazos. Este castigo humillante hará nacer en Aguirre el principio de un rencor enceguecido. La crueldad, como respuesta frecuente al dolor, en un ciclo vicioso de reformulaciones, quedó sembrada en su espíritu.

Aquella sentencia que el desprevenido juez dicta contra Aguirre, se convertirá al poco tiempo en una sombra signada por el terror que acompañará a Francisco de Esquivel hasta el final de sus días. Luego del castigo comienza una persecución encarnizada que obligará al juez a huir para esconderse de Aguirre.

La ira del conquistador guipuzcoano se estaba desatando. Persiguió a su presa hasta Quito y luego, otra vez, a Cusco. En muchos tramos de su acorralamiento, que duró tres años y medio, Aguirre anduvo a pie y recorrió unos 6.000 kilómetros. Finalmente, la venganza se consumó en la propia casa de Esquivel. El magistrado recibe, según testimonios, más de treinta puñaladas por parte de "El Loco" al cual hacen falta varios sirvientes para detener.

Huyendo de las consecuencias de su acción, se refugia en Guamanga disfrazado de negro y luego va a Tucumán. Participa en la sublevación de Cusco contra el virrey Antonio de Mendoza. Allí mismo, entusiasmado con su rol en el levantamiento, decide asesi-

Lope de Aguirre también conocido como "El Loco". Fue uno de los conquistadores españoles que marchó tras la utopía de El Dorado. Fue el primero en rebelarse contra la monarquía española.

nar al gobernador Pedro de Hinojosa mientras este defeca. El crimen, similar al anterior, vuelve a tener lugar en el domicilio de la víctima, más precisamente en los corrales de la casa. La locura de Aguirre tiende a crecer insinuando no encontrar retorno.

La asonada de la cual ha participado, finalmente es derrotada y se ordena la muerte de todos los sublevados. Aguirre, sin embargo, escapa y se esconde en una cueva durante un año. Allí se mantiene vivo comiendo raíces. La locura madura…

Por esos milagros del caos legal imperante en la época y en particular del Nuevo Continente, Aguirre no recibe condena por aquel crimen. Sencillamente desaparece durante un tiempo para luego recuperar su lugar en la armada española. Una vez reintegrado a la milicia participa valerosamente en la dramática batalla de Chuquinga, donde sufre quemaduras de arcabuz, pero sucede algo peor: el filo de una lanza enemiga le anula el uso del pie derecho. Su miembro queda muerto, insensible. Se convierte en tullido.

Dicha condición no era, pues, tan extraña en la época como nos lo parecería en el siglo XXI. Resultaba sí, en cambio, estadísticamente desfavorable su edad. Un hombre de cincuenta años era, en el siglo XVI casi un viejo inútil, a menos que gozara de alguna gloria particular, como riquezas materiales, nobleza, prestigio militar. Es, a sus ojos, un fracasado. Su única familia la constituye su hija Elvira, mestiza y de madre desconocida.

Casi nada tenía pues Lope de Aguirre cuando en 1559 se suma a la expedición conducida por Pedro de Ursúa, cuyo objetivo es alcanzar Omagua: "El Dorado". El mito, el sueño eterno, la continuidad de un Santo Grial renacentista; adornado por la profana voracidad que genera el vil metal. La expedición reunía a 300 soldados, tres bergantines y varios cientos de indios que ofician de guías, intérpretes, cargadores.

En septiembre de 1560 parten los buques. Aguirre lleva con él a Elvira, cuya madre, en efecto, no figurará en ningún documento.

La formación bien pertrechada y numerosa consta en total de unos 700 hombres; cristianos notables, cantidad de indios y hasta una veintena de negros cuyo origen no está documentado. Se ha dicho que el virrey aprovechó la expedición para deshacerse de elementos indeseables.

Ciertas versiones suponen incluso más de mil prisioneros nativos, a los que los españoles distribuían en lotes, para su administración y logística de la flota. Trasladaban a los indios, atados por el cuello con un collar, remando canoas, alrededor de unas enormes balsas planas en las cuales viajaba el ganado vivo, conformando verdaderos corrales acuáticos en movimiento. Siete de estas "chatas" mostraron defectos de fabricación o sobrecarga, provocando la pérdida de provisiones y la necesidad constante de mantenimiento y reparaciones. Los mosquitos se cebaron en los hombres y la carcoma en las naves.

Ursúa no transmitió entusiasmo ni fe ante la travesía. Parecía convencido de lo inútil de su empresa, como si ésta fuese de antemano un viaje a ninguna parte. Su tiempo se consumía en compañía de doña Inés, su mujer, cuyo respaldo y sanción esperaba sobre cada decisión de campaña. Debido a Inés y al embrujo de su sensualidad mestiza, cundió entre la tropa la idea de que Ursúa estaba enfermo. En verdad, lo atormentaba cierta extraña clase de melancolía, oscilante entre la depresión y la demencia.

Durante el transcurso de la travesía, Aguirre también con una demencia en ascenso, pero lleno de vigor, conspira contra su jefe de todas las formas posibles. Considera que ese es el camino más rápido y efectivo para hacerse de tropa propia. Finalmente, cumple su objetivo. Tras asegurarse unas pocas alianzas clave que le permitirían sostenerse en el poder durante el mediano plazo, participa del derrocamiento y asesinato de Ursúa. Hace luego lo propio con el sucesor, Fernando de Guzmán, a quien también liquida. En apenas unas semanas logra convertirse en jefe a fuerza de mandoble, puñal e intrigas.

Aquellos "derrocamientos" constituían el embrión de una mística personal. Aguirre se posicionaba como soberano, único jefe en un mundo nuevo por venir del cual se siente el centro indiscutible.

Con un grupo relativamente cohesionado, con una tropa cuyo desgaste es innegable, con un jefe que eleva una apuesta de condiciones inciertas e inéditas al romper con el rey, los expedicionarios alcanzan el océano Atlántico. Todo indica que avanzaron por el río Orinoco. En ese derrotero devastan a los nativos incluyendo la aniquilación de poblaciones enteras.

Las conductas de "El Loco" no eran vistas, sin embargo, como las de un perverso o un sádico, sino fruto de un desequilibrio grave.

La primera furia revolucionaria de América

El 23 de marzo de 1561, Aguirre instó a 186 hombres (incluyendo capitanes y soldados en total) a firmar una declaración donde se le reconocía su posición "real" como Príncipe de Perú, Tierra Firme y Chile. Unos pocos se negaron y recibieron el correspondiente acero en la carne como respuesta. El capitán estaba sentando las bases del procedimiento revolucionario que, se diría, iba a dejar en herencia por los siglos sucesivos en el sur del nuevo continente.

Un vez que asume el control total de su hueste, Lope de Aguirre abandona la idea de alcanzar "El Dorado". Su lirismo lo arrastra al poder puro, incluso con prioridad sobre la riqueza que podría darle el metal precioso. Quiere fundar imperio, gobernar, ser dueño de vidas y hombres más que de inanimados minerales. Se propone ir a Panamá y desde allí conquistar Perú. Al descender por el Amazonas da rienda suelta a su egolatría y decide rebautizar a sus hombres, a quienes llamará, desde entonces, "mis marañones" como si ellos fueran fruto del río y no de España; como si la naturaleza y todo lo que de ella brota, ya le empezase a pertenecer.

Llega a la desembocadura del más caudaloso brazo de América y se juramenta apoderarse incluso de esas selvas, con todos sus animales incluidos. Lo hace en voz alta, profiriendo gritos desafiantes contra todas las autoridades religiosas y civiles que ha conocido, en una catarsis teatral que sus subalternos observan atónitos y preocupados. Pero nadie interviene. Algo debe reconocérsele a Aguirre y es que ha sabido sembrar el miedo.

Con aquellas ínfulas dionisíacas, se lanza "El Loco" a la conquista de la Isla Margarita, en julio de 1561. Desde allí, envía a Felipe II una carta tremebunda, que en la península le hubiese costado la horca en el acto. En ella acusa al monarca de pretender conservar las manos limpias mientras otros se las manchan con sangre propia y ajena en beneficio real.

Altivo y retador, declara la guerra al reino de España arengando a la tropa: "Ea, marañones, limpiad vuestros arcabuces que ya tenéis licencia para ir con vuestras propias armas a por vuestros verdaderos enemigos –les dice a los estupefactos soldados que lo acompañan–".

Antes mencionamos la idea del independentista escondido en la figura del conquistador. He aquí un ejemplo descarnado de ello. Como reflejo maximizado de tal pulsión, la carta de "El Loco" es un verdadero paradigma del deseo libertario (toda voluntad liberadora contiene desmesura desde algún punto de vista). Deseo, por lo general, inconsciente, en esencia emancipatorio, frente al cual los adelantados, valga la metáfora, "ponen el cuerpo".

La misma aventura, inicialmente física y brutal, devendrá luego –dos siglos más tarde– en pensamiento. Lo hará en letra de molde, en francés. Lo hará en español, en América otra vez, casi otro siglo después, cuando el propio Simón Bolívar elogie la carta de Aguirre al rey de España como la primera declaración de independencia del Nuevo Mundo.

Dice al exponer por escrito, "El Loco" dirigiéndose directamente a su monarca, para declararle soberanía:

> Bien creo, excelentísimo Rey y Señor, aunque para mí y mis compañeros no has sido tal, sino cruel e ingrato a tan buenos servicios como has recibido de nosotros aunque también bien creo que te deben de engañar, los que te escriben desta tierra, como están lejos. Avísote, Rey español, adonde cumple haya toda justicia y rectitud, para tan buenos vasallos como en estas tierras tienes, aunque yo, por no poder sufrir más las crueldades que usan estos tus oidores, Visorey y gobernadores, he salido de hecho con mis compañeros, cuyos nombres después te diré, de tu obediencia, y desnaturándonos de nuestras tierras, que es España, y hacerte en estas partes la más cruda guerra que nuestras fuerzas pudieren sustentar y sufrir; y esto, cree, Rey y Señor, nos ha hecho hacer el no poder sufrir los grandes pechos,

premios y castigos injustos que nos dan estos tus ministros que, por remediar a sus hijos y criados, nos han usurpado y robado nuestra fama, vida y honra, que es lástima.

El original de aquella carta, estrujada en su momento por un Felipe II que montó en cólera, no se conserva. Pero sí, en cambio, algo más impresionante que el primer texto manuscrito: Aguirre tuvo el recaudo de hacer dos copias, una de las cuales se ha contado como prueba. La propia rareza del documento hizo que el texto se retomase una y otra vez en las universidades humanísticas de América, por cuanto representa una suerte de "declaración soberana" en su más primigenia instancia y en dos copias manuales de autor.

La pirotecnia verbal del insurrecto da cuenta siempre de un hombre inteligente, acaso tan lúcido (si solo fueran sus cartas no se advierte la ferocidad expresa que mostraba "El Loco" en las acciones) que impresiona. No rompe el límite sintáctico, y es subida de tono para un rey, pero sin excederse más allá del protocolo. Su alegato, más que "insumiso", parece quijotesco, dramático, poético:

Mira, mira, Rey español, que no seas cruel a tus vasallos, ni ingrato, pues estando tu padre y tú en los reinos de Castilla, sin ninguna zozobra, te han dado tus vasallos, a costa de su sangre y hacienda, tantos reinos y señoríos como en estas partes tienes. Y mira, Rey y señor, que no puedes llevar con título de Rey justo ningún interés destas partes donde no aventuraste nada, sin que primero los que en ello han trabajado sean gratificados, dice, con mezcla de ingenuidad e ironía que sorprende.

En efecto, la mordacidad está en su pulso, en su demanda, en su convicción de marcar límites morales donde resulta difícil esta-

De la mano de Felipe y
su doble reinado se produjo
la estratégica unión ibérica que
se prolongó por el término
de sesenta años.

blecerlos. Allí es cuando Aguirre provoca a su lector, haciéndole saber que su majestad es vulgarmente humana:

> Por cierto lo tengo que van pocos reyes al infierno, porque sois pocos; que si muchos fueses; ninguno podría ir al cielo, porque creo allá seríades peores que Lucifer, según teneis sed y hambre y ambición de hartaros de sangre humana; mas no me maravillo ni hago caso de vosotros, pues os llamáis siempre menores de edad, y todo hombre inocente es loco; y vuestro gobierno es aire. Y, cierto, a Dios hago solemnemente voto, yo y mis docientos arcabuceros marañones, conquistadores, hijosdalgo, de no te dejar ministro tuyo? vida, porque yo sé hasta dónde álcanza tu clemencia; el día de hoy nos hallamos los más bien aventurados de los nascidos, por estar como estamos en estas partes de Indias, teniendo la fe y mandamientos de

Dios enteros, y sin corrupción, como cristianos; manteniendo todo lo que manda la Santa Madre Iglesia de Roma; y pretendemos, aunque pecadores en la vida, rescibir martirio por los mandamientos de Dios.

La perspectiva de Aguirre es visceral. Él sabe que su camino es una huida hacia delante. Es un portador de la tragedia enamorado de provocarla y eludirla.

Su testimonio es una delación tenaz respecto de algunos compatriotas. A la vez Aguirre participa de un tiempo y un lugar místicos, de algo que parece una crónica fantástica desde la cual es observada la frágil fe de Occidente.

Ante ciertos episodios que le espantan por ambiguos, Aguirre se perturba:

Al salir del río de las Amazonas, que se llama el Marañón, vi en una isla poblada de cristianos, que tiene por nombre la Margarita, unas relaciones que venían de España, de la gran cisma de luteranos que hay en ella, que nos pusieron temor y espanto, pues aquí en nuestra compañía, hubo un alemán, por su nombre Monteverde, y lo hice hacer pedazos. Los hados darán la paga a los cuerpos, pero donde nosotros estuviéremos, cree, excelente Príncipe, que cumple que todos vivan muy perfectamente en la fe de Cristo.

Fray Reginaldo de Lizárraga, en su *Descripción breve del Perú*, hace alusión a que otros cronistas casi contemporáneos de "El Loco" tienen distinta opinión sobre estos escritos de Aguirre: "…algunas cartas vi en pedazos, llenas de mil disparates, aunque daba algún poco gusto leerlas, por solo ver el frasis, que no se quien se lo enseñó".

A tal punto este dato se reinterpretó, que llegó a hablarse de la correspondencia de Aguirre al rey, en muchas versiones apócrifas.

Es comprensible que así sea, porque "El peregrino" Aguirre busca otro mundo en sus cartas, así como el mundo español queda expresado en ellas. Algunos historiadores consideran que dada la censura oficial, Lizárraga se guardó de confesar la verdad: había leído el pliego verdadero completo y no solamente visto por encima "el frasis" o "en pedazos". E incluso más: era uno de los principales difusores al comentar ese texto elípticamente.

Entre otras cosas, la carta de Aguirre a Felipe II es una crítica implacable de la administración colonial desde la perspectiva de un atribulado guerrero, en la parte más lejana de su mundo conocido, dispuesto a matar o morir. Desafía a la Iglesia, a la fe, a esa fe. Funda la propia.

Desde una geografía voluptuosa que le es hostil, se empeña sin embargo en combatir a las instituciones:

> Especialmente es tan grande la disolución de los frailes en estas partes, que, cierto, conviene que venga sobre ellos tu ira y castigo, porque ya no hay ninguno que presuma de menos que de Gobernador. Mira, mira, Rey, no les creas lo que te dijeren, pues las lágrimas que allá echan delante tu Real persona, es para venir acá a mandar. Si quieres saber la vida que por acá tienen, es entender en mercaderías, procurar y adquirir bienes temporales, vender los Sacramentos de la Iglesia por prescio; enemigos de pobres, incaritativos, ambiciosos, glotones y soberbios; de manera que, por mínimo que sea un fraile pretende mandar y gobernar todas estas tierras. Por remedio, Rey y Señor, porque destas cosas y malos exemplos, no está imprimida ni fijada la fe en los naturales; y, más te digo, que si esta disolución destos frailes no se quita de aquí no faltarán escándalos.

LA MUERTE DE LA LOCURA

Lope de Aguirre intenta llegar a Perú por tierra, a consecuencia de lo cual avanza hasta Venezuela agotando a su tropa y generando un creciente malestar. En 1561 invade por el puerto de Borburata, y sigue hasta Nuestra Señora de la Anunciación de la Nueva Valencia del Rey, ciudad fundada el 25 de marzo de 1555 por el capitán Alonso Díaz Moreno, bajo las órdenes del gobernador de la provincia don Alonso Arias de Villacinda.

Ante la llegada de "El Loco", los habitantes de la joven ciudadela huyen despavoridos. Muchos corren a refugiarse en las islas del Lago. Para los que se quedan, la vida se transforma en un infierno. Aguirre gobierna Valencia con algo bastante parecido a lo que podríamos llamar un "terror de Estado" (otra coincidencia de recursos revolucionarios que se repetirán dos, tres, cuatro siglos más tarde). En el colmo de su desvarío, el capitán invasor manda a colgar a unos cerdos que se atrevieron a escapar de los corrales, e impide que los cadáveres porcinos sean utilizados como alimento.

En poco tiempo el liderazgo de Aguirre se vuelve insostenible.

Tambalea con mayor evidencia y alcanza un punto límite. Las insubordinaciones de distintos tenores lo van acorralando. Poniendo en práctica dinámica la "ley del arrepentido", se sabe que las autoridades españolas ofrecerán la absolución a todo aquel que abandone el bando del insurrecto.

El 27 de octubre de 1561, en Barquisimeto, solo y a punto de caer, apuñala a su hija Elvira para que no se convirtiese en: "…puta y ramera de todos (…) alguien a quien quiero tanto no debería llegar a acostarse con personas ruines".

Deja escrito el rebelde.

No es su única víctima. Antes ha matado a oficiales, marineros, y por supuesto, indios. Aprovechándose de un descontrol propio de la demencia que lo deja inerme, lo asesinan dos de sus propios hombres; un par de "marañones"; dos arcabuzazos marcan su irreversible desaparición física.

Ya muerto, Aguirre es oficialmente juzgado y condenado por rebelde y traidor. Su cabeza cortada es expuesta en una jaula de hierro en Tocuyo para que todo el mundo vea la mollera de donde han brotado "tan perversas" maquinaciones antirealistas. Su cuerpo todo es exportado como una misma advertencia de los pedazos que quedan de semejante rebeldía. Su mano izquierda es enviada a Valencia y la derecha a Mérida (ciudades venezolanas que actualmente conservan estos nombres).

Lo que quedó del torso de Aguirre se lo dieron a comer a los perros, por orden directa del rey. Las cuatro banderas que el insurrecto había usado durante su desaforada campaña (dos negras, una de mayor tamaño; una amarilla y otra azul, todas con dos espadas cruzadas) fueron tomadas como botín de guerra; una de las negras fue expuesta en Tocuyo junto a la cabeza del español.

Según las palabras del historiador Maximiliam Köpp:

> En muchos estudios, Lope de Aguirre ha sido bautizado como el cruel tirano, el loco, el gran rebelde, el peregrino, el primer caudillo de la América, el precursor de los libertadores latinoamericanos y el príncipe de la libertad lo cual demuestra innegablemente que Lope de Aguirre es una figura históricamente apasionante que nos lleva a juzgar o comprender a este infortunado conquistador español mil veces maltratado por las discriminantes relaciones sociales propias de su tiempo.

Sorprende descubrir en semejante personaje a la figura descrita por Francisco Vázquez, un soldado cronista que cuenta que al conocerlo, Aguirre le pareció un hombre mayor de cincuenta años:

...muy pequeño de cuerpo y poca persona; mal agestado, la cara pequeña y chupada; los ojos que si miraban de hito le estaban bullendo en el casco, especial cuando estaba enojado. Fue gran sufridor de trabajos, especialmente del sueño, que en todo el tiempo de su tiranía pocas veces le vieron dormir, si no era algún rato del día, que siempre le hallaban velando. Caminaba mucho a pie y cargado con mucho peso; sufría continuamente muchas armas a cuestas; muchas veces andaba con dos cotas bien pesadas, y espada y daga y celada de acero, y su arcabuz o lanza en la mano; otras veces un peto...

La leyenda del singular personaje se enriqueció en Venezuela y cuenta con fantasmas e incluso nombres alusivos. La bahía de la Isla Margarita donde desembarcó se llama todavía "Bahía del Traidor". Mientras que en Tocuyo, aún hoy se celebra su muerte con una procesión, cada veintisiete de octubre. Los campesinos de Barquisimeto aseguran que su espíritu todavía se aparece a medianoche cerca de donde murió.

Otros campesinos, en plena selva peruana, en una zona bautizada "Salto de Aguirre" suelen arrodillarse a rezar frente a unos extraños e indescifrables símbolos grabados sobre la piedra por el propio conquistador, cuando, acaso, estuviese adivinando su trágico final.

En Aguirre encontramos a un conquistador español, que como tantos otros viajó hasta América en busca del sueño del nuevo paraíso adornado de riquezas incalculables, el mítico Dorado. Y en el desgaste progresivo de la fricción con los indios y con sus propios hombres, sumado al escaso interés prestado por la Corona y a la corrupción política de la época, toma una actitud sin precedente en la historia americana. Como un verdadero adelantado se rebela contra la autoridad del rey, proclamando su precoz independencia.

Capítulo V
Pedrarias, el duro

Pedro Arias Dávila, más conocido como Pedrarias, había nacido en Segovia en 1440. Su formación era expresamente militar. Se educó en la corte del rey de Castilla Juan II. Se lo conoce como el mayor referente de la conquista territorial de lo que hoy comprende la nación de Panamá.

Además de moverse socialmente con astucia, además de ser rico por tercera generación, además de ser implacable y despiadado, Pedrarias demostró desde muy joven un gran talento con las armas.

Era soldado de alma y adoraba la guerra con la pasión de un artista que adora la sangre cual si fuese un color imprescindible para plasmar su propio lienzo biográfico. Secretamente supo batirse a duelo en numerosas ocasiones, en particular incitado por comentarios malintencionados relativos a su linaje; un punto conflictivo que retomaremos páginas más adelante.

Su desempeño militar fue siempre estratégico, disciplinado y eficiente. Participó en la guerra de Granada, desde 1481 hasta 1492 y luego en las campañas del norte de África desde 1508 hasta 1511, distinguiéndose especialmente en la defensa del castillo de Bujía.

También en el campo civil cosechó victorias. Sus triunfos políticos fueron notables, y es por ellos que Pedrarias llega al Nuevo Continente. Con el apoyo del obispo Juan Rodríguez de Fonseca, logró ser nombrado, en 1513, "Gobernador y capitán general" del Darién: un área de amplia extensión que a partir de entonces pasó a llamarse Castilla del Oro; no era en vano tan emblemático nombre, con todas las expectativas e ilusiones que la mención áurea ponía en juego.

El flamante gobernador zarpó de Sanlúcar de Barrameda el 11 de abril de 1514 al frente de una flota impresionante, compuesta por 25 navíos y una cantidad superior a los 2.000 hombres. Entre los variopintos tripulantes se encontraban muchos de los que más tarde protagonizarían otras instancias de la conquista de América. Iban allí Diego de Almagro, Sebastián de Belalcázar, Bernal Díaz del Castillo, Pascual de Andagoya, Hernando de Soto, Hernando de Luque, Francisco de Montejo, Rodrigo Enríquez de Colmenares, Martín Fernández de Enciso y fray Juan de Quevedo, franciscano, el primer obispo del nuevo territorio que la Corona quería sumar a sus dominios: Santa María de La Antigua había sido erigida en sede episcopal.

Generar un obispado en América iba a tono con el carácter fundacional que se le quería dar a la gesta conquistadora, pero una sede eclesiástica de tal jerarquía también expresaba el móvil "disciplinario" de la misión dirigida por Pedrarias. Quien, como veremos más adelante, era el oficial ideal para cumplir ese objetivo por razones íntimas que de hecho lo habían convertido en un guerrero "más papista que el Papa".

Entre las instrucciones dadas por el rey al nuevo gobernador, se encontraba la de procesar a Vasco Núñez de Balboa, por sus crímenes contra Diego de Nicuesa y el propio bachiller Martín Fernández de Enciso (hombre ofendido y rencoroso que viajaba como miembro activo de la tripulación, además de futuro administrador con poder en el nuevo gobierno).

Había en el instructivo real otras muchas formalidades protocolares que aparentemente se ponían a prueba mediante la propia práctica. Pero en líneas generales, aquella era una comisión de seguridad, una especie de gigantesco comité interventor que iría a poner orden real sobre las cosas.

La flota arribó a tierras istmeñas en julio de 1514. También llegaban en esos barcos –que avanzaban como pedazos de ciudad hacia la costa desnuda del Darién– el licenciado Gaspar de Espinoza, destinado a ejercer el cargo de alcalde mayor; el cronista Gonzalo Fernández de Oviedo; y doña Isabel de Bobadilla, esposa del gobernador.

La expedición de Pedrarias al Nuevo Mundo fue una de las más grandes y fastuosas de su género. El contingente parecía estar estratégicamente organizado hasta en el menor detalle y subyacía una idea política proporcional a semejante despliegue: reforzar la verticalidad de la corte con relación al poder sobre América.

Las instrucciones precisas y meticulosas que el rey Fernando impartió por escrito el 4 de agosto, para la conquista y gobierno del territorio, expresan una necesidad de transmitir certeza jerárquica.

Junto con Pedrarias –o mejor dicho, en sus manos– llegó también a las Indias el requerimiento para la pacificación del territorio, redactado por el jurista Juan López de Palacios Rubios. Pero el bravío segoviano estaría lejos de lograr esa pax romana que ansiaban en la metrópoli.

Vasco Núñez de Balboa fue el primer europeo, tanto en descubrir el océano Pacifico como en fundar una ciudad permanente (Santa María la Antigua del Darién) en tierras continentales de América. También fue uno de los conquistadores que más se enriqueció, consiguiendo ingentes cantidades de oro y de perlas.

El 29 de junio de 1514 llegó la flota a destino. La misión acarrearía conflictos desde sus primeros capítulos: el desembarco de tamaña tripulación en el Darién era en sí mismo un problema. Esa suerte de aldea desconcertada que era Santa María la Antigua no estaba preparada para alojar y alimentar a los casi dos mil hombres que pretendían bajar a tierra.

Hay que imaginar, además, el clima de sensibilidad que imperaba en un asentamiento donde las reglas eran muy frágiles. Allí, la minuciosa aspiración peninsular en materia de jerarquías y jurisdicciones solía resultar extemporánea.

Tal como sucedía en América desde la llegada de Colón, las credenciales reales exigían ser revalidadas. Esto podía lograrse mediante una vigorosa fortaleza de carácter, sabiduría política (no sin algo de maquiavelismo, en el período preciso en que emerge dicha astucia en forma de libro) o acaso, la directa y convincente espada fuera el mejor de los argumentos. Aunque a veces incluso, el reacomodamiento de poderes acabara cumpliéndose, en parte, azarosamente. Pero el azar, sabemos, supone jugadores que asumen tal o cual estrategia con voluntad implícita.

Si fuese póker, se diría que Pedrarias arrancó jugando fuerte. Apostó todo a las primeras manos: empezó por poner preso al gobernador Vasco Núñez de Balboa, sobre quien cargó cual rayo.

El descubridor del mar del Sur se vio de pronto encarcelado bajo la furia de un par cristiano que inicialmente no le dio oportunidad alguna de defenderse. Balboa fue sometido a juicio de residencia por la muerte de Diego de Nicuesa. Pero luego esta relación tendría muchas y distintas configuraciones, precisamente, funcionales al poder de ambos bandos.

EL RESTAURADOR SIN LEY

Pedrarias llegaba a América a cumplir una función punitiva, se diría que policial. Pero sus primeros arrebatos no impresionaban como gestos gubernamentales con sustento. Tenían algo de explosiones iracundas y desmedidas que ora se descargaban contra sus subordinados, ora contra los indios.

Al cabo de un tiempo de instalada su tropa y tras haber tanteado la zona, el propio capitán general (y gobernador, harto de lidiar con subalternos que a su modo de ver hacían las cosas mal) se lanzó a la misión siguiente encabezando la partida en persona.

Exploró Comogre y Pocorosa, dirigió una campaña contra el cacique Urraca y fundó, a casi 100 kilómetros de Santa María la Antigua del Darién, la ciudad de Acla, el segundo asentamiento español en lo que se dio en llamar "Tierra Firme". Así se designaría al territorio continental americano cercano al mar Caribe para distinguirlo respecto de las islas antillanas. En particular, a la costa norte de Sudamérica, desde el río Orinoco hasta el istmo de Panamá.

La denominación del reino de Tierra Firme quedó restringida desde 1563 al límite jurisdiccional de la Audiencia de Panamá. Pero a comienzos del siglo XVI, esta fue la médula geográfico-militar desde donde se gobernaba Castilla del Oro.

Para comprender el marco político geográfico conviene repasar el escenario en el cual se encuentra Pedrarias apenas quince años después de inaugurarse el siglo XVI.

Santa María de la Antigua del Darién, ciudad colombiana situada a unos 5 km. del golfo de Urabá, cerca de la frontera con Panamá, había sido fundada según los relatos de los cronistas Oviedo y Cieza de León, por Martín Fernández de Enciso el 25 de diciembre de 1510. El territorio en cuestión pertenecía a un poderoso jefe nativo: el cacique Cémaco de la etnia indígena denominada Cueva, del grupo lingüístico Chibcha.

Eran tierras fecundas, muy aptas para el cultivo, que abastecían de provisiones a buena parte de la región. Fernández de Enciso, en realidad, había bautizado inicialmente el caserío con el nombre de "La Guardia" y meses después fue Vasco Núñez de Balboa quien la denominó "Santa María de la Antigua" en honor a la Virgen de Sevilla, fruto de gran veneración entre su gente.

La Virgen de Sevilla, es decir la que inspiró a estos hombres, está ubicada en el barrio de Triana, en Sevilla, España. Sus rasgos corresponden a los de una mujer de ojos grandes y pelo negro, de silueta gitana. En aquella época, el rey Fernando de Castilla y de León también fue conocido por dar especial tributo a Santa María. La imagen religiosa ocupó los pendones de León y Castilla y se paseó por infinidad de territorios americanos para fogonear la moral de sus devotos, colonos en tierra extraña.

Los españoles consideraron a Santa María como un lugar apropiado para consolidar rutas potenciales que les permitieran internarse tierra adentro y extender su proceso expansionista en los nuevos territorios hacia el sur.

Las características geográficas otorgaban al sitio de fundación condiciones muy ventajosas. Al estar rodeado de pantanos inabordables, una bahía y un puerto, la seguridad de la defensa estaba asegurada. Por otro lado, las tierras regadas por el río Negro o río Sucio, más tarde llamado río Atrato, eran de una generosa fertilidad. A esa arteria privilegiada, fray Bartolomé de la Casas la definiría asegurando que: "…este río es el que los indios llaman el Darién, que dicen que es otro Nilo en Egipto".

Amores perros

La relación de Pedrarias con Balboa se vio relativamente templada por las inconductas que ambos necesitaban ocultar. Así, superado el choque inicial, establecen una suerte de tregua de mutua conveniencia. Durante algún tiempo estos dos conquistadores devienen cómplices en crímenes varios. En ese largo rosario de episodios se cuentan toda clase de castigos, mutilaciones, humillaciones y violaciones contra los indígenas, pero también contra sus propios pares europeos, cuando algún atisbo de desobediencia resultaba inquietante.

Núñez de Balboa era un conocido amante de los perros, a los que utilizaba frecuentemente como suplemento de combate. Pero no era éste el único uso que les daba según distintos testigos, que aseguran que los empleaba activamente en sus trapisondas inhumanas, por ejemplo, para someter a los indios. Cierto cronista alude a los canes en los siguientes términos:

> La casa de éste (cacique) encontró Vasco llena de nefanda voluptuosidad: halló al hermano del cacique en traje de mujer, y a otros muchos acicalados y, según testimonio de los vecinos, dispuestos a usos licenciosos. Entonces mandó echarles los perros, que destrozaron a unos cuarenta. Se sirven los nuestros de los perros en la guerra contra aquellas gentes desnudas, a las cuales se tiran con rabia, cual si fuesen fieros jabalíes a fugitivos ciervos (...).[15]

Vasco Núñez de Balboa daba de comer cuerpos humanos a sus perros con frecuencia. Acusados de sodomía, idolatría y otras costumbres, los indios iban a parar regularmente a las fauces de los mastines que devoraban carne y hueso de indio como parte de su alimentación habitual y necesaria para mantenerse en alerta de combate. Los perros cebados con carne humana eran un arma particularmente eficaz, según quedaría demostrado en muchas y diversas incursiones de los conquistadores.

Sergio González Ruiz recrea con viva pluma una escena potencial de este horror:

> Lo que encontraron Zara y sus doncellas al llegar a la aldea no es para ser descrito: Era el caos. Oyó Zara ayes y gritos de seres humanos y aullidos de unas fieras desconocidas que mordían de modo inmisericorde a sus hermanos de raza, los indios. Vió filas de indios cautivos y unos hombres blancos y fieros, con extraños vestidos y produciendo relámpagos y truenos con unos instrumentos de muerte.[16]

El caos generado por la interna de la gobernación en el territorio llevó a una alianza temporal en la colonia. Con el fin de explo-

---

[15]Mártir de Anglería, Pedro: *Décadas del Nuevo Mundo*, Buenos Aires Bajel Editor, Tercera Década, Libro I, Capítulo II [1530] .

[16]González Ruiz, Sergio: en *La leyenda del Zaratí / Veintiséis Leyendas Panameñas*.

Aperreamiento de sodomitas ordenado por Vasco Núñez de Balboa. El conquistador tenía debilidad por esta práctica.

rar el Pacífico (denominado mar del Sur), en 1516 Pedrarias formó una sociedad con Núñez de Balboa, que ese mismo año se había casado por poderes con una hija suya.

La paz no duró mucho. Resurgieron sospechas y rivalidades que estallaron en enero de 1519, al rodar una cabeza.

A Balboa se lo había nombrado el 23 de septiembre de 1514, aunque subordinado a Castilla del Oro, con el cargo de adelantado de la mar del Sur y gobernador de Panamá y Coiba. Desde entonces, su lugar era tierra de presas y Pedrarias tenía que eliminarlo para suscribir con la espada su autoridad definitiva.

Entre 1517 y 1518, Balboa exploró el golfo de San Miguel y volvió para poblar la ciudad abandonada de Acla. Como se proponía continuar las exploraciones por el mar del Sur inició la construcción de unos barcos, pero el anuncio de la llegada de un nuevo gobernador en sustitución del ya viejo Pedrarias forzó los pasos.

Otra vez, acusado de traición, rebeldía y abusos, e incluso, por segunda vez, de la muerte del gobernador Diego de Nicuesa, Núñez de Balboa fue juzgado, sentenciado y finalmente decapitado el 12 de enero de 1519 en Acla.

Después de la ejecución, Pedrarias retomó sus expediciones y marchó al norte. En ese mismo año fundó Nuestra Señora de la Asunción de Panamá (la actual ciudad de Panamá), que sería después la capital de Castilla del Oro y sede de la diócesis episcopal.

Mientras tanto, en la Corte se multiplicaban las acusaciones contra el hombre duro en el Darién. Su "estilo político" generaba rechazos. La forma en que el gobernador pretendía regir la administración colonial no convencía en la metrópoli ni en América. No cohesionaba ni administraba, sino que impartía una disciplina imposible de cumplir.

A esta altura, la Corona dispuso nombrar a Lope de Sosa como gobernador y capitán general de Castilla de Oro a fin de reemplazar a Pedrarias. Pero el enviado del rey, al llegar a playas istmeñas en mayo de 1520, murió enfermo en su barco. No pudo siquiera poner un pie en tierra.

Este hecho fortuito forma parte de esa telaraña azarosa entre la cual desciframos la conquista. Por resolución posterior al mismo episodio, la Corte le permitió a Pedrarias seguir ejerciendo el mando oficial de la región.

Motivado por su continuidad –y la impunidad con que se le franqueaba el paso– Pedrarias organizó desde Panamá, en 1522, la expedición de Gil González Dávila y Andrés Niño a Nicaragua, en busca de un paso hacia el Pacífico.

Un año después envió allí a Francisco Fernández de Córdoba, pero éste acordó un trato de mutuo beneficio con Hernán Cortés, que desde México también había alcanzado ese territorio.

A la sombra del poder de Cortés, Fernández de Córdoba se autoproclamó gobernador independiente de Nicaragua. No obstante, una facción de sus propios hombres, liderada por Hernando de Soto, consiguió escapar. Los fugitivos llegaron exhaustos a informar a Pedrarias de la situación. El gobernador de Castilla del Oro se movilizó entonces personalmente a Nicaragua con una considerable tropa y las naves necesarias para aplastar al rebelde.

Cortés, al ver la magnitud numérica del enemigo, optó por retirarle a Fernández la virtual ayuda que suponía un trato discutible desde el comienzo. Este, al saberse abandonado y sin ninguna posibilidad seria de dar batalla, se rindió a su capitán general. No le sirvió de mucho tan pacífica capitulación: acabó decapitado en la Plaza Pública de León, en Nicaragua. Corría 1526 y el implacable Pedrarias, con esta ejecución sumaria, daba un mensaje contundente. Si había algún tipo de indisciplina que no toleraba era la "creatividad" aliancista de sus subordinados.

Corresponde aclarar que para con los indios, las nefastas conductas de Pedrarias no eran gran excepción entre los conquistadores. Lo que hizo al personaje especialmente dramático estuvo dado por su ferocidad frente a la propia cultura; fueron las represalias y ejecuciones de cristianos lo que le valió gran cantidad de críticos y enemigos, empezando por sectores de la propia Iglesia.

La Corona, ya inquieta con su propio Frankenstein nombra a Pedro de los Ríos, quien llega a costas panameñas en 1526 con el encargo de procesar a Pedro Arias Dávila. Pero el segoviano, influencias de por medio, logra eludir las sanciones, obteniendo mediante Real Cédula, expedida en Valladolid el 1 de junio de 1527 el nombramiento de gobernador de Nicaragua, nueva provincia fundada y separada de Castilla del Oro. Pedrarias conserva pues el grado de capitán general, aunque con otro territorio a cargo, y evita el castigo.

Durante su gobierno en Nicaragua se introdujeron la agricultura y la ganadería en los flamantes dominios, y se fundaron las ciudades de Villahermosa, Granada, Santa María de la Buena Esperanza y Las Minas.

Finalmente, sin haber vuelto a España, Pedrarias muere el 6 de marzo de 1531 en León. Deja testamento, pero ningún mea culpa por escrito. Él considera haber hecho lo correcto.

Sobre más de 500.000 almas[17] pasó la guadaña de Pedrarias, según Bartolomé de Las Casas. Quizás estos números no sean, sin embargo, el verdadero detonante de su mala fama. Tal vez fuera, como Lope de Aguirre, un hombre que sencillamente rompió códigos con sus pares. Lo cual no le impidió, pese a todo, morirse de viejo, a los 91 años, en sus dominios, en la comodidad de su conquista, aunque menguada por los años, conquista al fin.

¿UN LINAJE INFRECUENTE?

La ascendencia de Pedrarias escondía una particularidad entre el resto de los conquistadores. Según estudios genealógicos calificados, "El duro" provenía de una familia de judíos ricos. Las investigaciones de la historiadora sevillana María del Carmen Mena García acerca del origen de Pedrarias fueron completadas con la publicación de su libro "Un linaje de conversos en tierras americanas. Los testamentos de Pedrarias Dávila de Castilla del Oro y Nicaragua", editado por la Universidad de León, que ella misma presentó en la Facultad de Humanidades de la Universidad de Panamá. El historiador español Manuel Serrano y Sanz, por su parte, también había aclarado que Diego Arias y su esposa Elvira González de Ávila, abuelos de Pedrarias, fueron judíos practicantes.

Según estudios complementarios, el abuelo del converso Pedrarias se llamaba Ysaque Benacar o Abenaca y asumió después el apelativo hispano de Diego Arias.

---

[17]De las Casas, Bartolomé: *Indias III*, 141.

Pedro Arias Dávila (Pedrarias). Fundó la ciudad
de Paraná y de León entre otras y ejerció el
cargo de gobernador de Nicaragua.

Si bien Ysaque no había heredado fortuna, supo edificar su
aristocracia sobre la base de buenos negocios y alcanzó un patri-
monio sustantivo. El persistente Isaac hizo sus primeros ahorros
como vendedor ambulante y llegó, tras años de habilidad, buenos
modos y astucia, a ser Contador Mayor del reino, miembro del
Consejo Real y de la Orden de Santiago.

Con el tiempo, Isaac multiplicó su fortuna. Tuvo tres hijos,
uno de ellos Pedro Arias Dávila I, padre del conquistador. Otro hijo
fue el obispo católico Juan Arias, de gran influencia en la corte
castellana. Así, una vez reunida cierta cantidad de oro, aunque
inicialmente modesta, pronto comprendió (y lo transmitió a su
descendencia) que era casi imprescindible convertirse al catolicismo para ser aceptado en la sociedad española.

Sin embargo, la conversión y el poder adquisitivo incrementado por la familia no siempre resultaría suficiente para evitar el antisemitismo que sobrevolaba en la cultura hispánica del siglo XVI.

Ser marrano también tenía su precio: cuenta la anécdota que cuando Isabel la Católica fundó el Tribunal de la Inquisición, el obispo Juan Arias –hijo de Isaac, tío de Pedro– intentó evitar el proceso iniciado a la familia Arias para definir la limpieza de sangre. Sus padres habían sido enterrados según los ritos judaicos, en Segovia. Pero el astuto obispo logró que no quedara rastro de los restos familiares. Así, antes de que los exhumara la Inquisición segoviana, las pruebas desaparecieron y el proceso de investigación del linaje Arias se trasladó a Roma, donde fluyó "controlado" por los hermanos conversos.

En cuanto al mismísimo Pedrarias en particular, consiguió "purificar" la estirpe de un modo irrevocable, muy frecuente en la época. Recurrió al matrimonio. ¿Y con quién se casó? Con una de las socialmente más encumbradas señoritas de la época: su boda con Isabel de Bobadilla, protegida del cardenal Cisneros y el poderoso obispo Fonseca (era marquesa de Moya, muy próxima a Isabel la Católica "después de la reina de Castilla, la Bobadilla", se decía de ella) terminó de enfriar toda discusión acerca de su ascendencia.

El detalle no es menor, pues refleja la política de la época. A doña Isabel y a su familia les convenía absolutamente el casamiento, pues aliviaba con la riqueza de Pedrarias las finanzas decadentes de su clan, en secreto pero empinado declive material.

Aquel casamiento fue, finalmente, un excelente pacto de mutuo beneficio. Sin embargo, el estilo "más papista que el Papa" del propio Pedrarias parece explicarse retrospectivamente en el dato de su origen. Su actitud especialmente cruel, vengativa, impiadosa con los indios y subalternos parece revelar cierto afán por "despegarse" de todo vestigio que pudiese hacerlo ver "menos cristiano" o mejor dicho, "menos fiel" a la Corona de España. No en vano Bartolomé de las Casas hace frecuentes referencias a este personaje como un paradigma del invasor violento que empañó la conducta de cristiandad ideal ante descubrimiento y conquista.

Es el cronista Las Casas quien, inspirado en Pedrarias, concibe identificarlo con el metafórico (y poético) apelativo de *furor Domini* traducido como "La ira de Dios" y aplicado apócrifamente a Lope de Aguirre; otro conquistador excesivo, pero completamente distinto en su esencia.[18]

Con relación a los documentos escritos, podemos decir que tanto en el testamento dictado en Valladolid a Gonzalo Fernández de Oviedo como en el testamento de Nicaragua, Pedrarias enfatizó su deseo de ser enterrado en un templo cristiano y se cuidó de hacer la más mínima mención a la religión de sus abuelos.

Es cierto que Pedrarias no constituye un caso aislado: la presión feroz que padecían los conversos (aun menor, claro, que la sufrida por los judíos practicantes y asumidos) impulsaba a los renegados a ejercer su catolicismo en forma exagerada e intolerante. El ejemplo mayor de esta paradoja es el propio Torquemada: judío converso por excelencia, y por excelencia, oculto en tal sentido.

En cualquier caso, más allá de su origen étnico o religioso, Pedro Arias Dávila dejó una impronta que no es asignable más que a su natural ensañamiento con el enemigo y su voracidad sin límites por la acumulación de riquezas y poder. Valga, como dato de color, el refrán de actual uso corriente en Panamá según el cual "Los Arias de antaño mataron a Balboa y los Arias de hogaño matan por un Balboa".

---

[18]Ver capítulo de este volumen dedicado a Lope de Aguirre.

Capítulo VI
Mendoza: En carne propia

Ya entre 1516 y 1521, Juan Díaz de Solís y el propio Magallanes habían avanzado por una densa cuenca amarronada que se abría entre las costas del Brasil y el incierto sur del Nuevo Continente.

Ambos supusieron, en principio, que estaban a las puertas del gran paso al "Mar del Sur" (océano Pacífico).

El primero, apenas tocó tierra con sus pies, fue atravesado de un flechazo, junto al resto de su tropa, para luego acabar devorado por caníbales. La posibilidad de que los asesinos del descubridor del Plata hayan sido los charrúas del Uruguay tiende a descartarse ya que estos no habitaban exactamente la zona en la cual desembarcó Solís.

Se ha pensado también en los guaraníes, pero los detalles de las investigaciones dan cuenta de un canibalismo distinto al que practicaban los guaraníes, al faltar ciertos elementos simbólicos que caracterizaban su modalidad devoradora, ceremonial preparatorio y forma de ejecución.

¿Quiénes se comieron a Solís? Aparentemente una de las tantas tribus aún no relevadas científicamente.

Hay quien habla de "indígenas guaranizados" que asimilaron solo algunos rasgos culturales del guaraní conocido, culto según el cual se cumplían pasos específicos muy puntuales previos a sacrificar y comer a un prisionero de guerra.

En suma, aquella era tierra barrosa, de playas oscuras, nada tenía que ver con el paradisíaco trópico. Aquí la humedad asfixiaba desde la misma arena pastosa, desde un calor sofocante que las armaduras (necesarias y obligadas, dada la hostilidad de los nativos) multiplicaban. Aunque Solís no viviría para contarlo.

Si Solís no viviría para hablar de costas ni calores, en cuanto al grupo enviado por Magallanes a la misma desembocadura, puede decirse que tuvo mejor suerte en la medida en que no sufrió semejante cantidad de pérdidas humanas, aunque la frustración en esa instancia por no encontrar el paso tan buscado haya sido grande.

Pigafetta, el cronista lombardo que acompañaba a Magallanes anotará luego, que aquello que tomaron por un canal conducente al mar del Sur, es apenas un gran río. Han avistado algunos aborígenes. Uno de ellos, según describe el cronista: "…de figura gigantesca, con la voz parecida a la de un toro".

Los hombres de don Hernando llegaron incluso a la temeridad de desembarcar, para capturar algunos indios, pero, dirá el cronista: "…corren tan rápido que no les podemos alcanzar…".

Por su parte, Magallanes, que no se resignaría a no dar con el ansiado estrecho, hace un exhaustivo reconocimiento de la cuenca, y decide recorrerla personalmente hasta convencerse de que está ante un falso paso al Pacífico.

No es caprichosa esta introducción, sino que viene al caso para presentar el panorama que tenía por delante nuestro verdadero protagonista en este capítulo: don Pedro de Mendoza.

La epopeya del capitán que aquí nos ocupa resultó sin dudas más extensa y adversa en aquel oscuro Río de la Plata, si consideramos la brevedad de las previas y el hecho de que la posterior gesta, de Juan de Garay (en la emblemática segunda fundación de Buenos Aires en 1580), ya contaba con antecedentes y previsiones vastas.

Es cierto: tampoco para Garay sería fácil; de hecho moriría emboscado en 1583 –en su caso, por los indios guaraníes– cerca de las ruinas de Sancti Spiritus, lugar por el cual ya había pasado Mendoza, bajo cuya autoridad tuvo lugar la primera fundación, en el área donde hoy se erige la neurálgica ciudad de Buenos Aires, capital de Argentina.

Definitivamente, aquel río –el más ancho del planeta– no sería presa fácil de los empeñosos conquistadores.

La indómita cuenca del Plata y sus posibles milagros

Pedro de Mendoza, nacido en 1487 en Guadalix, provenía de una familia bien posicionada. Ocupó cargos administrativos y militares en la corte del rey de España Carlos I a quien acompañó en las campañas de Italia, Alemania y Austria. El 21 de mayo de 1534 firmó en Toledo la capitulación que le permitía conquistar y poblar todas las tierras comprendidas entre el paralelo 25º y el 36º; área que abarca la totalidad del actual Uruguay, más parte de Argentina y el extremo sur de Brasil.

Designado primer adelantado del Río de la Plata, gobernador y capitán general de las tierras conquistadas en las regiones del Plata, Mendoza sería el fundador de la ciudad de Buenos Aires, como hemos dicho, lo cual alcanzaría para fundamentar su empresa toda.

Sin embargo, la expedición que encabezaba perseguía fines políticos y objetivos estratégicos más amplios que interesaban al monarca español en particular: se trataba de contener los avances portugueses en el Río de la Plata, dado que, al margen de pactos y tratados, según marcaban aquellos tiempos agitados y cartográficamente aun imprecisos, lo mejor para "construir soberanía" era plantar bandera, marcar territorio y, en todo caso, negociar después. En modo específico, ésta empezaba a ser la estrategia de Carlos I, el flamenco.

Había, paralelamente, aspectos muy íntimos (y ocultos) que impulsaban personalmente al adelantado Mendoza. La sífilis, enfermedad dramática e implacable que solía arreciar con los licenciosos españoles de doble moral, se había introducido en Don Pedro, desconcertándolo y preocupándolo profundamente. ¿Cómo se relacionaba esta dolencia con su viaje? Pues mediaba, en efecto, una cuestión de magia.

Cierto día, previo a la aventura transoceánica, el almirante de Mendoza visitó secretamente a una curandera para consultarla acerca de su oprobioso mal. Recordemos que don Pedro provenía de una familia rica y noble, lo cual le obligaba a mantener toda la discreción posible frente a ciertas cuestiones.

La bruja le aseguró que la única cura absoluta y definitiva para su aberrante dolencia estaba en el llamado Nuevo Mundo mar de por medio. Esta aseveración era algo fácil de creer y aceptar, pues todo lo que se ambicionaba en España parecía hallarse allí, donde las leyendas hablaban de pociones mágicas, vírgenes vestales, árboles de oro y de bronce que se dejaban arrancar con un soplido. En suma; no solo poder y dinero ofrecía la fabulosa América al imaginario español sino también, lo último que faltaba: salud. Cura plena, total, definitiva. ¿Redención? ¿premio divino que ganarían los valientes? Quién sabe lo que temerarios navegantes y guerreros como Mendoza habrán imaginado.

La flota partió de Sanlúcar de Barrameda el 24 de agosto de 1535 con 16 naves y casi 1.500 hombres. Casi medio año después, tras tocar diferentes puntos y superar las habituales privaciones de aquellos frenéticos derroteros oceánicos, la expedición penetra el estuario del Plata y echa anclas. Le esperan unas costas fangosas, tribus agresivas, penurias inimaginables; de esas que confrontaban al conquistador con su propia naturaleza humana y su capacidad de subsistir a cualquier precio.

En el caso puntual de Pedro de Mendoza, la expedición incluía una bomba de tiempo: su propia salud. Pues, aunque pretendía ocultarlo muy celosamente, en el organismo del capitán se multiplicaban los signos de la terrible enfermedad que le cobraban sus andanzas sexuales.

Dichas correrías, cabe aclararlo, no se equiparaban con las de un mujeriego consumado, como podría decirse de Cortés, por ejemplo. Pero corresponde también recordar que todos los soldados y expedicionarios de la época solían desahogarse siempre que podían en puertos y tabernas, en compensación frente a la dureza de las campañas militares, el desarraigo y la lejanía que arrastraban como carga permanente.

Aunque creyente, la vida terrenal le resultaba impredecible y hostil al soldado de carrera, rico o pobre, quien se veía empujado a gratificarse del instante, del cuerpo, del alimento y el escaso placer que encontrase a mano, sin importar los mandatos eclesiásticos o morales en cuestión de carnes.

Aquella flexibilidad en asuntos carnales no implicaba en absoluto una falta de fe. Por el contrario, Pedro de Mendoza, en definitiva, y como la mayoría de los conquistadores españoles, tenía entre sus prioridades la fundación de una base militar, pero cristiana: una cabeza de playa que emblemáticamente, sentara en aquellas costas bravías, la indulgencia del dios blanco, benefactor del occidente católico apostólico.

Pero nada sería sencillo, ni tan siquiera en los comienzos. Los problemas de aquel "estuario maldito" no tardarían en llegar. A las hostiles apariciones fugaces de los aborígenes se sumaría el drama del alimento. O mejor dicho, de su escasez. Así, pues, ni la carne ni la cura serían tan generosas con don Pedro.

EL IMPLACABLE ROSTRO DEL HAMBRE

La expedición con Mendoza al mando fondeó en el estuario del Río de la Plata a principios de 1536. En el curso de su derrota río arriba, Mendoza fundó el 2 de febrero de ese año, sobre la margen meridional un primer asentamiento, el Puerto de Nuestra Señora Santa María del Buen Ayre; nombre que se transformaría con el tiempo en el de Buenos Aires para designar a una de las principales metrópolis de Sudamérica.

Los indios querandíes, que dominaban los alrededores inmediatos se habían mostrado amistosos en el primer contacto con los españoles. Aceptaban de buen grado las mercancías europeas que consideraban "mágicas" o simplemente seductoras, dando a cambio algún alimento proveniente de la caza y la pesca que los españoles difícilmente obtenían, pues no contaban con la experiencia ni el conocimiento específico que requería tal faena.

Esta situación de intercambio se sustentó durante los primeros tiempos, pero subrepticiamente, la población aborigen empezó a "cortar víveres" hasta interrumpir el contacto con el invasor. A partir de aquel momento, Buenos Aires quedó a merced del aislamiento, la enfermedad y ataques intermitentes que le propinaban los salvajes.

La desconfianza y la hostilidad trajeron el hambre, y con él, el capitán general Pedro de Mendoza se vio obligado a profundizar su accionar militar. Con la intención de someter a los díscolos pobla-

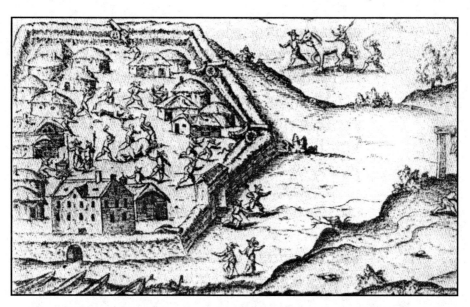

Primera fundación de Buenos Aires por Pedro de Mendoza. Ilustración de
Levino Hulsino. Edición Princeps de la obra de Ulrico Schmidl.

dores originales de aquellas tierras, organizó una expedición militar al mando de su hermano, Diego de Mendoza.

Cuenta el cronista Ulrico Schmidl que ante una de las frecuentes agresiones:

> ...don Pedro de Mendoza envió enseguida un alcalde de nombre Juan Pavón, y con él dos soldados, al lugar donde estaban los indios. El alcalde y los soldados se condujeron de tal modo que los indios los molieron a palos y después los dejaron volver a nuestro campamento, tras lo cual Mendoza envió a su hermano carnal con trescientos lansquenetes y treinta jinetes bien pertrechados.

Continúa Ulrico Schmidl refiriéndose al episodio en el que Mendoza mandó a su hermano a que matara, destruyera y/o cautivara a los nombrados queradíes, ocupando el lugar donde estos estaban: "Yo estuve en ese asunto… (Pero) Cuando allí llegamos los indios eran unos cuatro mil, pues habían convocado a sus amigos".

El grupo de cristianos no tenía posibilidades en dicho trance y acabaría huyendo. Pero el problema se repetía y requería solución. Si además de ser pocos, estaban débiles y desnutridos, los soldados españoles no tendrían posibilidad alguna en la empresa.

El jefe, consciente de esto, tomó una decisión. Ante la carencia de provisiones con que sustentar a sus hombres, Mendoza ordenó la partida de una expedición al Brasil en busca de alimentos. Pero el grupo expedicionario tuvo el peor destino. Otra vez la derrota.

En esta oportunidad, la aniquilación total por parte de los bravos aborígenes brasileños. Cuanto más al norte se internaban las misiones que partían de Buenos Aires, mayor ferocidad encontraban. Mejor suerte hallaría, sin embargo, tiempo después, don Juan de Ayolas.

Mayordomo y alguacil mayor de la tripulación de Mendoza, Ayolas era un hombre fuerte y determinado, cuyo desempeño sería clave en el Río de la Plata. Había asistido a la primera fundación y en su persona recaería la propia continuidad de la conquista en aquella cuenca.

Enviado por Mendoza a explorar el río Paraná, avanzó con dirección norte y una tropa de cuatrocientos guerreros bien armados. Le ganó fieramente al clima y al indio, abriéndose paso por entre la inhóspita vegetación que todo lo ahogaba. Ni las anacondas ni los espeluznantes animales nunca antes vistos por cristiano alguno detuvieron a este servidor bravío.

Fue aquel segundo grupo expedicionario, enviado a fin de mejorar la situación poblacional de su gente en la base portuaria del

Plata, la punta de lanza que vigorizó la conquista con la fundación del Fuerte Corpus Christi, a orillas del río Paraná, en junio de 1536.

Desde este enclave los españoles debieron defenderse con uñas y dientes frente a los desgastantes ataques, que se sucedían uno tras otro, cual ráfagas, diezmando a la tropa. Finalmente, los hombres de Ayolas lograron imponerse, pero a costa de la vida de varios de sus mejores capitanes.

Desde allí, siguiendo el curso del río Paraguay, llegó hacia la Sierra de la Plata (que carecía de ese metal, pero había hecho una mítica fama en tal sentido) y el 2 de febrero de 1537 fundó, a orillas del Paraguay el fuerte de Candelaria, donde dejó como lugarteniente a Domingo Martínez de Irala.

Durante la expedición de Ayolas se dieron episodios notables en el encuentro de distintas tribus locales. Como en pocos casos, aquellos capítulos encontraron un registro privilegiado en la pluma de cierto cronista que pasaría a la historia con matices literarios. El escritor vocacional no sería otro que el soldado alemán Ulrico Schmidl, nacido en Baviera, quien habitaría y recorrería la región durante 17 años.

Schmidl formaba parte de la tripulación original de Mendoza. Sin descuidar su espada y su función como expedicionario, el bávaro escribía y redactaba con voluntariosa precisión el entorno que se le iba revelando paso a paso. No olvida mencionar el alimento, la ropa (o la ausencia de ella), los tatuajes y ritos que observa en las tribus nativas y, ya fuese por talento innato o inspirado frente a tan descomunales episodios, paisajes y culturas, genera un volumen de alto valor documental titulado *Viaje al Río de la Plata*[19]. En dichas páginas consta una de las mejores crónicas que se hayan escrito relacionadas con la conquista de América.

---

[19]Schmidl, Ulrico: *Viaje al Río de la Plata*, Emecé Editores, 1997. Buenos Aires, Argentina.

LA CARNE ES DÉBIL

Las anécdotas vinculadas al tema del canibalismo durante la campaña de Mendoza son muchas. Los episodios de antropofagia del Plata fueron insertados apócrifamente en distintos contextos histórico-geográficos, o incluso en ficciones, donde, sin embargo, la ficción se luce por su capacidad de ahondar en la realidad esencial.

> Hoy no queda mendrugo que llevarse a la boca. Todo ha sido arrebatado, arrancado, triturado: las flacas raciones primero, luego la harina podrida, las ratas, las sabandijas inmundas, las botas hervidas cuyo cuero chuparon desesperadamente.[20]

Dice, por ejemplo, el escritor argentino, Manuel Mujica Láinez, al ficcionar la peripecia de Mendoza. Eran aquellas tierras bravías: en su fisonomía, en el carácter de sus pobladores primeros. Pero devenían más sangrientas aun cuando la irreductible tenacidad de los conquistadores, negándose a morir de inanición, peleaban palmo a palmo por un respiro de supervivencia.

La gente –según subrayan una y otra vez las crónicas– no tenía qué comer, se moría de hambre y padecía gran escasez. En la desesperación del ayuno involuntario, no alcanzaron ratas ni ratones, ni víboras y otras sabandijas; hasta los zapatos y cueros, todo hubo de ser comido.

Los navegantes españoles, desde que se aventuraron por primera vez a las Indias, atravesando el Atlántico, registraban antecedentes dramáticos en materia de hambrunas.

Los hombres de Colón fueron los primeros descubridores, no solo de América, sino de esa inanición inédita habitando en carabelas con destino incierto, en viajes elongados más allá de toda previsión.

---

[20]Mujica Láinez, Manuel: "El hambre", en *Misteriosa Buenos Aires,* Editorial Sudamericana. Buenos Aires, Argentina.

Y qué decir de la fantástica epopeya que acometió don Hernando de Magallanes. Aquellos expedicionarios ya habían masticado el cuero que cubría piezas de sus propias naves.[21]

Cuando materializaron la primera vuelta al mundo registrada por la historia de Occidente, estos valientes circunvaladores, en la desesperación del hambre habían llegado incluso, según ciertas versiones, a comer carne humana. Carne cristiana, para más datos. Sin embargo, en materia de antropofagia, las anécdotas más escalofriantes parecen haberse conjugado en el marco del Río de la Plata.

> Y como la armada llegase al puerto de Buenos Aires con mil e quinientos hombres y les faltase bastecimiento, fue tamaña el hambre, que a cabo de tres meses murieron los mil. Esta hambre fue tamaña, que ni la de Jerusalén se le puede igualar ni con otra ninguna se puede comparar.[22]

El escritor Mujica Láinez, dando continuidad a su particular interpretación de los hechos y asumiendo conscientemente la literatura por sobre la historia, nos introduce de lleno en la situación de conflicto al referirse al asedio que sufren los conquistadores por parte de la indiada:

> Alrededor de la empalizada desigual que corona la meseta frente al río, las hogueras de los indios chisporrotean día y noche. Los españoles, apostados cautelosamente entre los troncos, ven el fulgor de las hogueras destrenzadas por la locura del viento, las sombras bailoteantes de los salvajes.

---

[21]Sánchez Sorondo, Gabriel: *Magallanes y Elcano. Travesía al fin del mundo*, Editorial Nowtilus. Madrid, 2006.

[22]Guevara, Isabel de: *Carta relación* (1556), en Josefina Cruz (comp.), Cronistas de Indias. Los Fundadores, Ed. Ministerio de Cultura y Educación, Buenos Aires, 1970.

Pedro de Mendoza
fue el fundador de
Buenos Aires.
Padecía de sífilis
y había viajado al
Nuevo Mundo con la
secreta esperanza de
hallar una cura para su
mal. Acosado por las
pestes y el hambre,
murió en altamar sin
poder regresar a España.

Efectivamente, los españoles fueron sitiados y asediados de muy distintas formas. Si bien, a la larga, los conquistadores superaban en combate a los indios de estas costas y de los poblados que se multiplicaban hacia el norte con mayor o menor grado de desarrollo, por lo general la proporción numérica era absolutamente desigual a favor de los salvajes.

Pero tanto en el norte como en el sur, los nativos contaban con una tecnología bélica muy rudimentaria. En promedio, no obstante, puede decirse que además de numerosos, los indios de la cuenca del Plata (guaraníes, charrúas) y sus afluentes, eran pueblos agresivos, valientes, feroces. La poca sofisticación en sus métodos de combate les jugaban en contra, pero sacaban el máximo provecho del arco y la flecha, así como de su bravura.

Las dificultades de alimentación y enfermedades súbitas a las que se vieron expuestos por otra parte los cristianos durante las primeras instancias de esta campaña, mermaron sus tropas ya exiguas, multiplicando la diferencia poblacional entre dos bandos de por sí tan desiguales en calidad y cantidad.

Era tal el hambre en los cuarteles de Mendoza que los soldados comían toda clase de animales, no solo los ya habituales en la emergencia, como alimañas, ratas, ratones, víboras, arañas o insectos. Todo lo que pudiera llegar a menguar la mortificante abstención iba a parar al fuego, o directamente a la boca, sin pasar por cocción alguna. Incluso el cuero de los zapatos se comía, con o sin preparación. Los famélicos invasores no perdonaban a nada ni "a nadie".

Ocurrió, por ejemplo, que tres españoles robaron en secreto un caballo y lo mataron para ingerirlo. Cuando se supo, la orden superior fue colgar a los desnutridos matadores hasta que muriesen ahorcados. Así se hizo. Pero la cosa no terminó únicamente con los cuerpos pendiendo de las horcas. Durante la noche posterior a su muerte y previa a ser los cadáveres descolgados y enterrados cristianamente, se acercaron al patíbulo, protegidos por la oscuridad, unos furtivos carniceros:

> Los delincuentes vivos, acaso tan necesitados o más que los ejecutados, les cortaron a los colegas extintos sus muslos, brazos, nalgas, y otros miembros que pudieron. Cocinaron las piezas a pocos metros, en un escondrijo, y allí mismo, devoraron ese macabro banquete saciando los primitivos instintos del mamífero carnívoro que lucha por subsistir. No era un macabro banquete. Era, apenas, la ley de la supervivencia lo que los impulsaba.

De este calibre, sobran los relatos. Así, casi sin otorgarle demasiada importancia, acaso ya acostumbrándose al horror, el cronista Schmidl deja deslizar un último dato en esas líneas, completando el drama de la antropofagia entre pares: "También ocurrió entonces que un español se comió a su propio hermano, que había muerto".

Sobre hechos semejantes, otra vez, emerge la genial imaginación de Mujica Láinez, quien en base a éstos y otros testimonios construye un relato cuyos pormenores resultan acaso más verosímiles que la propia realidad, cuando, tomando el dato histórico recurre a la pluma y juega con el concepto de fraternidad en la figura de un arquero de tropa, apócrifo pero genuinamente probable, al que bautiza "Baitos".

> Baitos, el ballestero, acurrucado en un rincón de su tienda, sobre el suelo duro, también imagina. Piensa que el Adelantado y sus capitanes se regalan con maravillosos festines, mientras él perece con las entrañas arañadas por el hambre. Y este odio también crecerá: Su odio contra los jefes se vuelve más frenético. Esa rabia contra los jefes le mantiene, le alimenta, le impide echarse a morir. Es un odio que nada justifica, pero que en su vida sin fervores obra como un estímulo violento. (…) ¡Ah, cuánto les odia, con sus ceremonias y sus aires! ¡Como si no nacieran todos de idéntica manera! Y más ira le causan cuando pretenden endulzar el tono y hablar a los marineros como si fueran sus iguales. ¡Mentira, mentiras! Tentado está de alegrarse por el desastre de la fundación que tan recio golpe ha asestado a las ambiciones de esos falsos príncipes. El hambre le nubla el cerebro y le hace desvariar. ¡El hambre! ¡el hambre!, ¡ay!; ¡clavar los dientes en un trozo de carne! Pero no la hay… no la hay…

Mujica Láinez va preparando el terreno con cierta perversidad, al cruzar la palabra "carne" con una idea equívoca de su ausencia. Pues carne, efectivamente, hay siempre, allí donde hay seres humanos. Se acerca el narrador, entonces, a un desenlace insinuado desde la desesperación y el resentimiento; dos sensaciones muy factibles en la tropa de expediciones que, como ésta, no traían más que desventuras a los miembros de los escalafones más bajos, como este necesitado ballestero:

> El viento esparce el hedor de los ahorcados. Baitos abre los ojos y se pasa la lengua sobre los labios deformes. Elabora un plan para apoderarse de la carne de los ajusticiados: ¡Los ahorcados! (…) Sí, allí están, como tres péndulos grotescos. El hambre y el odio ahogan al ballestero. Quiere gritar, mas no lo consigue y cae silenciosamente al suelo desvanecido sobre la hierba rala. El hambre le tortura en forma tal que comprende que si no la apacigua enseguida enloquecerá. Se muerde un brazo hasta que siente sobre la lengua, la tibieza de la sangre. Se devoraría a sí mismo, si pudiera. Se troncharía ese brazo. Y los tres cuerpos lívidos penden, con su espantosa tentación…

En efecto, el voraz enloquecido toma la decisión de rebanar uno de aquellos tentadores cadáveres. Cual improvisado carnicero comienza por uno de los brazos, que ha cortado directamente con su faca, sin descolgar siquiera a la pieza. Pero es el mismo acto de hincar el diente, de usar las mandíbulas para trozar lo que le depara una horrible revelación:

> Los dientes de Baitos tropiezan con el anillo de plata de su madre, el anillo con una labrada cruz, y ve el rostro torcido de su hermano, entre esas pieles que Francisco le quitó al cuatralbo después de su muerte, para abrigarse. El ballestero lanza un grito inhumano, los ojos se le salen de las órbitas, como si la mano trunca de su hermano le fuera apretando la garganta más y más.

Si Schmidl exagera al asegurar, también ocurrió que un español se comió a su propio hermano o si Mújica Láinez sublima los colores de ese hipotético episodio seguirá siendo un misterio. No obstante, todo indica que, efectivamente, el Río de la Plata pasó a la historia como uno de los puntos más hostiles en materia de canibalismo y, al margen de la imaginación o la literatura, es un dato irrefutable que los más escabrosos episodios en este sentido tuvieron lugar allí, en la desembocadura del río más ancho del planeta.

LA RELACIÓN CON LOS CARIOS

Superando antropofagias, cuadros apocalípticos, crímenes y castigos, la campaña de Mendoza, luego ramificada en Domingo Martínez de Irala, avanzaría por propia gravitación, con la inercia combativa de la clase hispánica de expediciones, celebrando una pulsión donde la única huída posible (de la carencia, de la enfermedad, de la muerte) era hacia adelante. La conquista sembrada en la cuenca del Plata se extendía y renovaba como los propios ríos que la iban guiando hacia las entrañas continentales de aquella nueva tierra llena de promesas, pero plagada de sufrimientos tanto como de experiencias espeluznantes.

Los carios (algunos historiadores los identifican directamente con los indios guaraníes) son un pueblo digno de revisión en este marco.

Después de realizar Irala varias exploraciones hacia el Yvytyruzu y Tebicuary, los carios comenzaron a inquietarse por las reiteradas salidas impuestas por los españoles y tramaron una conspiración para la Semana Santa de 1540. Pero una indígena al servicio del oficial español de apellido Salazar traicionó a los suyos revelando el plan de ataque. Y la tropa conquistadora decidió tomar el toro por las astas planteándose una acción militar definitiva que pusiera punto final a los problemas con tan belicoso pueblo.

Parte de los límites del pueblo de los carios estaba demarcado por una doble empalizada de palos. Cada poste era grueso como el torso de un hombre. Entre ambas empalizadas había unos doce pasos para fortalecer esa posición. Los carios tenían trincheras y fosos de hasta cinco metros de profundidad, a unos quince pasos del primer muro. Dentro de estos fosos clavaban unas lanzas de palo duro tan puntiagudas como una aguja.

Estos indios también cubrían sus grandes zanjas-trampa con paja, ramas y hierba para que cayeran los invasores. Recuerda el cronista que:

> …esos fosos fueron perjudiciales para los mismos carios y ellos mismos cayeron dentro, cosa que ocurrió de esta manera: cuando nuestro capitán don Juan Ayolas bajó de sus bergantines contra los nombrados carios, mandó y ordenó a sus sargentos y alféreces que hiciéramos formar en ordenanza a la gente de guerra y marcháramos contra la ciudad. Dejamos sesenta hombres en los bergantines para que los guardaran, y con los otros nos alejamos hacia la ciudad de Lambaré, hasta la distancia de un tiro de arcabuz de ella. Así que los carios nos divisaron, que eran como cuarenta mil hombres, con sus arcos y flechas, dijeron a nuestro capitán general Juan Ayolas que nos volviéramos a nuestros bergantines y que ellos nos proveerían de bastimentos y todo lo que necesitáramos, alejándonos de allí, porque si no serían nuestros enemigos. Pero nosotros y nuestro capitán general Juan Ayolas no quisimos retroceder de nuevo, pues la gente y la tierra nos parecieron muy convenientes, especialmente los alimentos; pues en cuatro años no habíamos comido pan sino que solamente con pescados y carnes nos habíamos alimentado.

El relato de Schmidl no tiene desperdicio, oscila entre la ironía (consciente o inconsciente, esto es difícil de establecer) y la más pura candidez (o acaso inocencia sobreactuada, según requería la norma cristiana de la época). Como sea, su narración es rica por lo directa y puntual:

…los dichos carios tomaron sus arcos y nos quisieron dar la bienvenida a flechazos. Aun entonces nosotros no quisimos hacerles nada, sino al contrario, les hicimos requerir por una lengua por tres veces, y quisimos ser sus amigos; pero de nada quisieron hacer caso. A todo esto aún no habían probado nuestras armas; pero cuando estuvimos cerca, hicimos disparar nuestros arcabuces, y cuando los oyeron y vieron que su gente caía y no veían bala ni flecha alguna sino un agujero en los cuerpos, no pudieron mantenerse y huyeron, cayendo los unos sobre los otros como los perros, mientras huían hacía su pueblo.

Algunos de los conquistadores entraron en la población, pero otros, alrededor de doscientos hombres, cayeron en los fosos, entremezclados con los cuerpos supervivientes o cadáveres aun tibios de los enemigos. Dice Ulrico que los indios que se defendieron muy valientemente por dos días: "Mas cuando vieron que no podrían sostenerlo más y temieron por sus mujeres e hijos, pues los tenían a su lado, vinieron dichos carios y pidieron perdón y que ellos harían todo cuanto nosotros quisiéramos".

En concreto, cuando los españoles consolidaron su victoria, procedieron como indicaba el protocolo militar: los principales cabecillas fueron ahorcados y descuartizados y al resto se les perdonó la vida devolviéndoles la libertad. A partir de entonces los carios comenzaron a temer y respetar a los españoles a quienes dieron sus hijas emparentándose con ellos. Definitivamente, los ariscos habitantes de la zona pasaron a convertirse en verdaderos anfitriones de lujo cuando Mendoza y los suyos pudieron articular esa magia blanca de Occidente mezclada con fe medieval. A tal punto llegó entonces la reverencia, que según evoca Ulrico:

Representación de los ataques españoles a las ciudades indígenas. Grabado de los manuscritos 33.942 de la Biblioteca Nacional de Madrid.

Trajeron y regalaron a nuestro capitán Juan Ayolas seis muchachitas, la mayor como de dieciocho años de edad; también le hicieron un presente de siete venados y otra carne de caza. Pidieron que nos quedáramos con ellos y regalaron a cada hombre de guerra dos mujeres, para que cuidaran de nosotros, cocinaran, lavaran y atendieran a todo cuanto más nos hiciera falta. También nos dieron comida, de la que bien necesitábamos en aquella ocasión. Con esto quedó hecha la paz con los carios.

SÍFILIS A BORDO: POLÉMICA Y FINAL DE UN CONQUISTADOR ENFERMO DESDE EUROPA

La amenaza de la sífilis, cuya presencia ya hemos anticipado, acosó secretamente a Pedro de Mendoza desde el comienzo de la expedición. Pero los peores síntomas de dicha enfermedad no afloraron sino bien avanzada su travesía. Casos como el de Enrique VIII o Iván el Terrible han demostrado que el estado latente de esta infección bacteriana se puede extender durante años sin que aparezcan los síntomas más alarmantes. Mientras, el sifilítico vive bajo el engaño de estar fuera de peligro; en realidad, la enfermedad ha entrado en la prolongada fase crónica.

Entre los tres y los veinte años es cuando se hacen visibles los signos de la sífilis terciaria. Hay muchas manifestaciones de ello, ya que el daño afecta casi todos los sistemas del cuerpo. La típica lesión de la sífilis terciaria puede aparecer en los huesos, garganta, piel o corazón, llevando al paciente a la muerte, por ruptura de la aorta o de alguno de los vasos del cerebro.

Cabe hacer aquí un paréntesis para entrar en terreno polémico. Si bien hoy conocemos las características de la enfermedad que finalmente mataría a Pedro de Mendoza, todavía ciertas enciclopedias cometen un error grave en su información al asegurar que la sífilis entró en Europa proveniente de América. Esto no es así. Y Mendoza constituye un ejemplo cabal de quien, antes de entrar en el Nuevo Mundo, ya estaba enfermo de este mal contraído en Italia.

No es de asombrar, tampoco, que todos los pueblos, culturas y países hayan pretendido deshacerse de la "propiedad" de tan repugnante dolencia. Vale recordar, a modo anecdótico, que antaño en Italia, la sífilis era conocida como "el mal francés", y en Francia como "el mal italiano". Pero sea como fuere, lo que ya no se discute es que el "mal bíblico" (otra de las denominaciones "funcionales" que le asignaron algunos creyentes) estaba presente en el vieja Europa pre-renacentista.

Así, muchos historiadores hoy se preguntan precisamente, en sentido inverso: ¿Habrá sido Pedro de Mendoza quien "exportó" la sífilis a América? Incluso, con relación a las curas pre-existentes hacia fines del medioevo, suelen citarse como antecedente las instrucciones del famoso doctor Francisco Villalobos, médico de los grandes de Castilla, sobre la cura mercurial de la sífilis (instrucciones planteadas por escrito antes, claro está, del descubrimiento de América):

> Ungüento para las bubas. De elimia de plata, no de otros metales, y de litargirio cerusa y calcanto de azogue, aloes, todo partes iguales y el unto de puerco mezclado a estos tales y aceite de oliandro y vinagre otro tanto, será todo aquesto en mortero majado, y con del aceite un poquito mecello; después del vinagre será un poco echado después del aceite, y así sea tratado hasta que se haga un ungüento con ello.

En cuanto a la enfermedad preexistente en el cuerpo de Mendoza, Félix Luna, el prestigioso historiador argentino, alude al tema repasando las circunstancias en las cuales el capitán se había embarcado y nos lo recuerda en la metrópoli europea, antes de zarpar hacia América:

> El adelantado no aparece por ninguna parte. Las naves están listas para iniciar la gran travesía y aunque está en Sevilla, no se presenta en público. La impaciencia de nobles, soldados y marineros se incrementa. El mayordomo y el apoderado de don Pedro, Juan de Ayolas y Martín Orduña, tratan de disimular pero la noticia ya corre por la ciudad como reguero de pólvora y es la comidilla de las tabernas. Mendoza guarda cama porque la sífilis contraída en Italia lo tiene a mal traer. El viaje hacia las riquezas del Plata aún no es seguro. (…)

No es que no se conozca algún tratamiento que alivie los dolores. Desde la gran epidemia de 1494, la mortal enfermedad venérea es tratada con mercurio o argento vivo bastante exitosamente. Además, don Pedro apenas supera los treinta años y, aunque parece mayor, ha demostrado ser un hombre bastante fornido, de comer saludable y de carácter emprendedor. Cojea de una pierna, igual que Diego de Almagro, pero la mayoría de los comprometidos en la expedición prefieren creer que pasa por un mal pasajero y optan por esperar que su salud se restablezca.[23]

A diferencia de Cortés, que debió postergar su viaje por treparse al muro de una querida y romperse los huesos en dicho trance, el primer adelantado del Río de la Plata, también soportaría dilaciones frente al destino oceánico, pero su dolencia resultaría más artera que la mera galantería. Cortés no murió de mujeriego, mientras que don Pedro, soldado valeroso, sufriría una derrota insalvable en el territorio de su propio organismo.

Los estragos producidos por la sífilis se volverían inocultables: tejidos y heridas sin cicatrizar y una progresiva parálisis general avanzaba inexorablemente. Su corazón estaba cada día más débil y su pulso lo reflejaba.

Ya en los últimos días de su epopeya fundacional, sintiéndose extremadamente débil, el adelantado delegó el gobierno en el capitán Francisco Ruiz Galán hasta que Ayolas regresara. Partió pues con dirección a España en abril de 1537. Pero la muerte lo abordó cerca de las islas Canarias y le arrebató la gloria de un regreso triunfal.

---

[23]Luna, Felix: *Grandes protagonistas de la Historia Argentina*, 1999. Buenos Aires, Argentina.

El mapa sirve como referencia para observar de qué manera se habían repartido los conquistadores buena parte del territorio de América.

Su cadáver fue arrojado a las aguas del Atlántico. La conquista del Río de la Plata fue continuada por Ayolas, desde el asentamiento que fundó en Asunción (Paraguay), al que alude con lujo de detalles el cronista Schmidl, quien por su parte, antes de volver a su Baviera natal y de morir, continuaría en la campaña junto al resto de estos hombres que darían forma a un punto neurálgico de la hispanización americana.

Capítulo VII
Cabeza de Vaca, espíritu de león

Álvar Núñez Cabeza de Vaca es sin duda el protagonista y relator más prolífico de los exploradores españoles entre los siglos XV y XVII. Nació en Jerez de la Frontera, Cádiz, hacia 1490 y las versiones acerca de su muerte oscilan entre los años 1556 y 1559. Pero su desaparición física, difusa e intrascendente, contrasta con lo agitado y vertiginoso de una vida genuinamente signada por la aventura; una auténtica novela digna de Alejandro Dumas.

Fuera de todo libreto, como cronista de su colosal epopeya conquistadora, Álvar generó páginas antológicas de acción pura, donde además palpita esa ósmosis cultural en la cual él mismo queda inmerso.

En su emblemático volumen *Naufragio de Álvar Núñez Cabeza de Vaca y relación a la jornada que hizo a La Florida con el adelantado Pánfilo de Narváez* (popularizado como *Naufragios*) consta un mapa histórico fundamental de su vida, su entorno, y sus colegas conquistadores.

En las venas de Álvar corría sangre militar, heredada por padre y madre. Su abuelo paterno, Pedro de Vera, había sido uno de los primeros conquistadores de las islas Canarias. Pero fue su progenitora quien, al parecer, lo dotó del gen aventurero, ligado al peculiar nombre que adoptó este notable expedicionario.

El canoro apelativo "Cabeza de Vaca" se originó a comienzos del año 1200, cuando uno de sus antepasados maternos indicó un paso secreto en la Sierra Morena con una calavera bovina, ayudando así a que el ejército cristiano pudiese sorprender a los moros y derrotarlos en la célebre batalla de Las Navas de Tolosa, en 1212.

A partir de dicha anécdota, el pequeño cráneo vacuno representaría en los antepasados de su madre un distintivo visual de destreza y victoria. El amuleto se incorporaría al escudo de armas para que los blasones recordaran la capacidad de hazañas similares en los miembros de tan esmerada descendencia.

Así, Álvar Núñez Cabeza de Vaca adoptó el apellido materno como recurso para insertarse en una tradición y, literalmente, "hacerse un nombre"; locución de la época que refleja una costumbre extendida, especialmente entre los no primogénitos. Un nombre originado en un hecho que él, por su parte, trascendería y superaría con hazañas mayores a las de sus ancestros.

De Narváez: el gobernador efímero

No se puede hablar de Cabeza de Vaca sin antes mencionar al "hombre puente" entre él y el inconmensurable destino. En sus primeros tramos, los textos de Álvar aluden a un omnipresente "Gobernador" que desaparecerá de forma abrupta.

¿Quién era aquel hombre? ¿Pudo acaso –de no haber desaparecido– modificar el curso de los acontecimientos y limitar el accionar de Cabeza de Vaca? Eso nunca lo sabremos. Pero sí el nombre del fugaz mandatario español que pasaría a la historia con un breve currículo en América: se trata de don Pánfilo de Narváez, nacido en Valladolid en 1470 y gobernador de La Florida por menos de un año, hasta su muerte, a causa de un naufragio en las costas que intentaba horadar, en 1528.

Narváez no solo sabía gobernar sino que también tenía una vasta experiencia como marino y soldado a las órdenes de la Corona. Había estado en Jamaica y en Cuba, donde recibió varias encomiendas. Allí desde 1512 conviviría con fray Bartolomé de Las Casas y Diego de Velázquez de Cuellar con quien colaboró activamente en la conquista y pacificación de la isla, además de asociarse a Juan de Grijalva junto al cual realizó expediciones que le llevaron hasta el extremo más occidental de Cuba en 1514.

Fruto de una paciente labor, incluyendo su tarea como procurador de Velásquez, en 1516 obtuvo para éste los títulos de adelantado y gobernador de Cuba y, para sí el cargo de contador. Ese sería el comienzo de una larga carrera política que lo llevaría, recién en su madurez, a encabezar su propia gesta como gobernador de La Florida.

Pánfilo de Narváez también había dirigido, siendo un jovenzuelo, la expedición enviada por Velázquez a Nueva España, para intentar detener el avance de Hernán Cortés, en marzo de 1520, al frente de 19 embarcaciones y 1.400 hombres. Pero sucedió que gran parte de la tropa invasora acabó pasándose al bando de Cortés, ante la destreza, magnetismo y seducción de este último, que ya se perfilaba como uno de los grandes conquistadores de América. Narváez fue derrotado en la batalla de Cempoala en mayo de 1520, quedando retenido como prisionero en Veracruz durante dos años.

Lo curioso de aquel episodio es que el valiente y testarudo Narváez, antes de ser vencido por Cortés, había rechazado una generosa oferta de paz por parte de su adversario. Don Pánfilo era un hombre que prefería quebrarse a parlamentar.

Aquellos hombres, por otra parte, estaban habituados a enfrentarse entre sí, contrariamente a la idea "compacta" de fuerza conquistadora que promueve la historia oficial. Las internas –militares y abiertas, o solapadas en oscuros "acuerdos"– eran moneda corriente en el marco de la conquista.

Podría incluso decirse que los frentes internos la nutrían, la dinamizaban, en la medida en que encendían renovados deseos de poder en cuadros inferiores. A mayores intereses, mayor era la masa de poder, de incipientes propietarios, frente a un mercado tan grande y variado como la misma América descubierta por Colón.

Finalmente, Narváez pudo volver a España en 1523 y apenas dos años después, parecía romper su mala racha, al obtener una capitulación para la conquista de La Florida. Así, con el título de gobernador de un territorio que se extendía desde el río Pánuco hasta una parte indeterminada del litoral septentrional, Pánfilo se entusiasmo y se largó, otra vez, al Nuevo Mundo.

Viajaría con poder del rey para conquistar y gobernar las provincias que están desde el río de las Palmas hasta el cabo de La Florida, conocidas en aquel entonces como parte de Tierra Firme. Entre los que zarpan junto a él, se encuentra Álvar Núñez que relatará en su crónica *Naufragios* el comienzo de la odisea en los siguientes términos:

> A 17 días del mes de junio de 1527 partió del puerto de Sanlúcar de Barrameda el gobernador Pánfilo de Narváez, con poder y mandado de Vuestra Majestad para conquistar y gobernar las provincias que están desde el río de las Palmas hasta el cabo de la Florida, las cuales son en Tierra Firme; y la armada que llevaba eran cinco navíos, en los cuales, poco más o menos, irían seiscientos hombres.

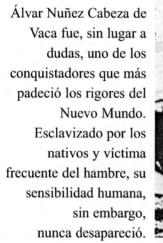

Álvar Nuñez Cabeza de Vaca fue, sin lugar a dudas, uno de los conquistadores que más padeció los rigores del Nuevo Mundo. Esclavizado por los nativos y víctima frecuente del hambre, su sensibilidad humana, sin embargo, nunca desapareció.

La expedición bajo su mando adquirirá rumbos fundamentales que le serán completamente ajenos pues la muerte lo sorprende en los primerísimos años de su aventura como gobernante.

El fin de sus días acontece cuando Pánfilo se encuentra en una expedición por el interior, hasta alcanzar los montes Apalaches, pero la pobreza del territorio y las dificultades con que tropieza, lo devuelven a las costas de Texas. Allí muere en un naufragio, con la mayoría de sus hombres, en el año 1528.

Allí mismo, en cambio, nace la historia de Cabeza de Vaca –uno de los sobrevivientes– que luego lo narrará todo con lujo de detalles.

Las señales de un comienzo accidentado

La armada en la cual zarpó Álvar Núñez de Sanlúcar constaba inicialmente de cinco navíos componiendo una comunidad comercial y militar sumamente orgánica. Álvar tenía una responsabilidad importante en las funciones de enlace entre los barcos. En su carácter de tesorero y alguacil mayor, compartía niveles de decisión con el contador Alfonso Enríquez, y la inevitable presencia del veedor de su majestad, don Alonso de Solís. Completaban la oficialidad, entre otros, un sacerdote de la orden de San Francisco llamado Juan Suárez, que hacía las veces de comisario.

Tras tocar Santo Domingo, la tropa oficial siguió hasta Santiago, el puerto en la isla de Cuba, donde hubo oportunidad de reaprovisionarse de tropa, armas y caballos. Una vez pertrechada, la comitiva intentó seguir su ruta, pero en esas costas fue arreciada por un tifón que, además de destrozar dos buques, arrasó la cercana villa de Trinidad.

Los sobrevivientes, aterrorizados, se negaron a navegar atravesando el inquietante invierno. En un escenario difícil, magro y hostil con el peligro del indio acechando, se produjeron las primeras deserciones. Más de ciento cincuentas hombres abandonaron las filas y desaparecieron. Nunca se los volvió a ver.

Entre una dilación y otra, recién volverían a zarpar en febrero de 1528. Las penurias no amainaron: vararon por segunda vez. Más y peores tormentas tropicales les impidieron seguir. Y volvieron a detenerse. Tras un mes de privaciones y pausas forzadas, llegaron a La Florida el día 12 de abril.

La expedición ancló en la bahía de Tampa, desde donde inició el recorrido por tierra dirigiéndose a la bahía de Apalache. La travesía de a pie les resultó pantanosa y malsana. Esas pocas ropas, a pesar de haberse reducido a pedazos raídos de tela y algún correaje (no mucho antes desbordaban de cuero, metal, y hasta oropeles) seguían siendo pesadas e inadecuadas para el hábitat caribeño. Como si ello fuera poco, se acababan las raciones otra vez, y el "miedo al hambre" palpitaba cual enfermedad en sí misma.

Los andrajosos soldados volvieron a ver la luz cuando, inesperadamente, dieron con una población abandonada donde había algo de maíz crudo; sería suficiente para reponer energías y salvar la situación transitoriamente. Aquellas costas eran frecuentadas por indios que ya conocían la amenaza del hombre blanco; no los sorprenderían con espejitos de colores o arcabuces "escupidores de rayos". Estos aborígenes, organizados en guerrillas, los martirizarían de a poco y persistentemente, como gota que horada la piedra.

Durante los primeros tramos la tropa se redujo hasta haber muerto más de la mitad de los hombres. Cabeza de Vaca iba adquiriendo un liderazgo informal basado en la espontánea delegación del grupo. Disueltos entre ataques y enfermedades, iban acampando donde podían. Se dispersaron y reagruparon varias veces, empujados por la seguridad o la búsqueda de alimentos, hasta que consiguieron cierta organización y avanzaron juntos hacia la costa, que tomaron como punto de encuentro para recuperar fuerzas y trazar un plan desde la cohesión.

En efecto, solo cuando vieron el mar, y la inmensidad oceánica, vislumbraron la posibilidad de abandonar aquel infierno. Dice la crónica que para esta altura quedaban apenas doscientos cincuenta hombres, desalentados y acobardados. No había entre los sobrevivientes, constructores navales ni carpinteros y apenas contaban con herramientas. Era el desenlace de una secuencia trágica; ya se habían comido a sus propios caballos, pues no encontraban otra forma de alimentarse. Los expedicionarios decidieron construir balsas y continuar por mar, bordeando la orilla.

Así alcanzan la desembocadura del Mississippi el 6 de noviembre, cuando apenas les queda agua dulce. Están exhaustos. La ración por hombre consiste, para entonces, en un puñado de maíz crudo al día. Además, han perdido las velas y se ven obligados a remar.

Están ante el mítico río Mississippi: "demasiado líquido para caminar por él, demasiado espeso para beberlo"; según reza el refrán. Más que un río es un hábitat en sí mismo; una ley de gravedad que controla los sentidos. Fue precisamente el Mississippi, un enemigo inesperado, el que derrotó a la expedición de estos valientes hombres. Aquella fuerza misteriosa, casi impenetrable, arrastró a dos de las barcazas, que se perdieron en el mar. En una de ellas viajaba, nada menos, que Pánfilo de Narváez, quien murió sin que posteriormente encontraran el cuerpo.

De las otras tres naves que todavía integraban la expedición, una volcó, otra zozobró y la de Álvar Núñez embarrancó. Tuvo el menos dramático de los destinos. Y por eso pudo contarlo.

Como jefe natural de un grupo de supervivientes, Álvar decidió movilizarse. Llegó a una isla que ciertas versiones indican pudo haber sido la de Galveston, aproximadamente a los 29 grados latitud norte. Aunque otros historiadores niegan que Núñez haya llegado tan al este antes de adentrarse en el territorio norteamericano.

El grupo fue bien recibido por los nativos, a quienes no les inspiraron miedo estos desnutridos, enfermos y desnudos como indios, pero flacos y pálidos como solo los blancos pueden estarlo frente a la desgracia.

Aquella recepción inesperadamente amistosa dejó una marca en el jerezano. En su *Relación...*, décadas después, Núñez dirá que entonces experimentó una revelación fundamental: esos seres, aún incapaces de razonar como los cristianos, eran en definitiva sus semejantes.

Sin comprender demasiado las intenciones de los nativos, los náufragos aceptaron refugio en la aldea. Pronto Núñez se pudo reunir con sobrevivientes de otra barca, liderada por los capitanes Andrés Dorantes y Alonso del Castillo. Decidieron detenerse un tiempo allí y enviar mientras tanto a los cuatro miembros del grupo que estaban en mejores condiciones de salud a buscar auxilio a México, territorio del que se suponían cercanos.

Ninguno de los cuatro comisionados llegó a destino: estaban bastante lejos de su objetivo, al sur de la bahía de Galveston, en una zona de la isla que acabó llamándose "Malhado", no como se ha supuesto fruto de una voz local indígena, sino como contracción de "mal hado" mala estrella, mala suerte.

Se ha dicho que el expedicionario Juan de Grijalva (sobrino de Diego Velázquez de Cuellar, gobernador de la isla de Cuba) ya había estado en la gran isla de Galveston hacia 1518. Pero no se tuvieron referencias de época tan ricas como las que despliega Álvar Núñez, quien dedica muchas páginas de su crónica a las costumbres de aquellos singulares anfitriones:

> A esta isla pusimos por nombre isla de Mal Hado. La gente que allí hallamos son grandes y bien dispuestos; no tienen otras armas sino flechas y arcos, en que son por extremo diestros. Tienen los hombres la una teta horadada de una parte a otra, y algunos hay que tienen ambas, y por el agujero que hacen, traen una caña atravesada, tan larga como dos palmos y medio, y tan gruesa como dos dedos; traen también horadado el labio de abajo, y puesto en él un pedazo de caña delgada como medio dedo.

Si algo enfatiza el cronista respecto de la calidad humana de estos aborígenes en particular es una solidez de lazos familiares que parece sorprenderlo:

> Es la gente del mundo que más aman a sus hijos y mejor tratamiento les hacen; y cuando acaece que a alguno se le muere el hijo, llóranle los padres y los parientes, y todo el pueblo, y el llanto dura un año cumplido. Tienen por costumbre de enterrar los muertos, si no son los que entre ellos son físicos, que a éstos quémanlos; y mientras el fuego arde, todos están bailando y haciendo muy gran fiesta, y hacen polvo los huesos. Y pasado un año, cuando se hacen sus honras,

todos se jasan en ellas; y a los parientes dan aquellos polvos a beber, de los huesos, en agua.

Núñez se fascina con detalles que sus colegas difícilmente hubiesen valorado. Ahonda en pormenores que revelan un mundo insospechado para la mente del español. Mundo que, en definitiva, le hace dudar, poner en discusión ciertas certezas intuitivas de hasta dónde el indio era más un animal que un hombre.

Cada uno tiene una mujer, conocida. Los físicos son los hombres más libertados; pueden tener dos, y tres, y entre éstas hay muy gran amistad y conformidad. Cuando viene que alguno casa su hija, el que la toma por mujer, desde el día que con ella se casa, todo lo que matare cazando o pescando, todo lo trae la mujer a la casa de su padre, sin osar tomar ni comer alguna cosa de ello, y de casa del suegro le llevan a él de comer; y en todo este tiempo el suegro ni la suegra no entran no en su casa, ni él ha de entrar en casa de los suegros ni cuñados; y si acaso se toparen por alguna parte, se desvían un tiro de ballesta el uno del otro, y entretanto que así van apartándose, llevan la cabeza baja y los ojos en tierra puestos; porque tienen por cosa mala verse ni hablarse. Las mujeres tienen libertad para comunicar y conversar con los suegros y parientes, y esta costumbre se tiene desde la isla hasta más de cincuenta leguas por la tierra adentro (…).[24]

---

[24]Texto perteneciente al volumen *Naufragios*; según se conoce al informe oficial que Álvar Núñez Cabeza de Vaca preparó de su viaje. Fue impreso por primera vez en Zamora en 1542 con el título *La relacion que dio Aluar nuñez cabeça de vaca de lo acaescido en las Indias en la armada donde yua por gouernador Panphilo de Narbaez desde el año de veynte y siete hasta el año de treynta y seys quo bolvio a Seuilla con tres de su compañía.*

Los chamanes blancos

Los "físicos" son, en la versión de Núñez, los hechiceros. Cuando uno de ellos moría, en vez de enterrarlo como a los demás, lo cremaban y molían sus cenizas en medio de una gran fiesta. Una vez pasado un año de su muerte, mezclaban esas cenizas con agua y las ingerían.

La desgracia y las costumbres de esos habitantes enfermaron aún más a los expedicionarios. La medicina practicada por los indígenas les producía desconfianza y provocaba algunas burlas solapadas entre los europeos. Sin embargo esta forma de curar pareciera resultar para Núñez en cierta forma aceptable y, según registra su testimonio, acabó siendo un recurso de supervivencia:

> En aquella isla que he contado nos quisieron hacer físicos sin examinarnos ni pedirnos los títulos, porque ellos curan las enfermedades soplando al enfermo, y con aquel soplo y las manos echan de él la enfermedad, y mandáronnos que hiciésemos lo mismo y sirviésemos en algo; nosotros nos reíamos de ello, diciendo que era burla y que no sabíamos curar; y por esto nos quitaban la comida hasta que hiciésemos lo que nos decían.

Para encajar en el rol que les permitía ser respetados por los indios, los españoles oficiaban, así, de "chamanes blancos" imitando los tratamientos que los propios indios les instruyen: chupar las zonas del cuerpo doloridas, poner piedras calientes en el torso y proferir rezos musicales; cuando alude a estos episodios, la narración de Álvar tiene visos tragicómicos.

En el caso de Cabeza de Vaca y su grupo, el jerezano estaba entre lo mejor conceptuado por los aborígenes. Lo creían un verdadero sacerdote. Habría muchos más de estos "chamanes blancos" que traería la conquista de México. Y todos ellos recurrirían eventualmente a algún tipo de truco. Las prácticas utilizadas en este

Choque de culturas. Las creencias europeas modificaron la cosmología de los nativos, tanto como las creencias aborígenes lo hicieron en los conquistadores. En la imagen, un cura bautizando a pequeños nativos.

caso consistían en mezclar los rituales mágicos de los indígenas con el rezo de Avemaría y Paternóster.

Así de disparatado era el mundo del adelantado en América. Paradójicamente, muchas veces el propio "evangelizador" sobrevivía admitiendo en la mismísima práctica un ritual ajeno, fingido, apócrifo, pero necesario.

A este soldado nacido en Jerez, con vasta práctica en guerras y aventuras navales, no le serían indiferentes las experiencias como recluso de un sistema extraño, con el cual había establecido una relación bipolar. Si en un aspecto lamenta su suerte, sus escritos esconden líneas de ironía y surrealismo:

> ...vinieron a nosotros unos indios y rogaron a Castillo que fuese a curar un herido y otros enfermos, y dijeron que entre ellos quedaba uno que estaba muy al cabo. Castillo era médico muy temeroso, principalmente cuando las curas eran muy temerosas y peligrosas, y creía que sus pecados habían de estorbar que no todas veces sucediese bien el curar. Los indios me dijeron que yo fuese a curarlos, porque ellos me querían bien. Yo vi el enfermo que íbamos a curar que estaba muerto (...) le quité una estera que tenía encima, con que estaba cubierto, y lo mejor que pude apliqué a nuestro Señor fuese servido de dar salud a aquél y a todos los otros que de ella tenían necesidad. Y después de santiguado y soplado muchas veces, me trajeron un arco y me lo dieron, y una cera de tunas molidas; a la noche se volvieron a sus casas, y dijeron que aquel que estaba muerto y yo había curado en presencia de ellos, se había levantado bueno y se había paseado, y comido, y hablado con ellos.

Estos nativos sin señor ni cacique, sin concepto de la propiedad privada, desconcertaron profundamente a los vapuleados españoles. Las relaciones "carnales" empezaron muy bien y terminaron oscureciéndose. Los expedicionarios fueron tomados, precisamente, por hechiceros, pero solo en un principio, pronto los empezaron a maltratar y las cosas fueron de mal en peor. De los 80 hombres que habían llegado agonizando a Malhado, para entonces apenas sobrevivían 16.

Hartos del maltrato, Lope de Oviedo, Alonso del Castillo Maldonado, Andrés Dorantes de Carranza, y el esclavo Estebanico, un moro leal, aceptaron el plan de Álvar: esperar seis meses, al cabo de los cuales la tribu con la que estaban emprendería una migración estacional en busca de alimento, y aprovechar la travesía para escapar hacia México.

Ese plan debió ser postergado un año entero, por causa de problemas internos entre familias de indígenas con una consecuencia desafortunada: la pelea derivó en la separación de las tribus de tal forma que los españoles quedaron divididos.

Entretanto, un mal extraño tuvo a Cabeza de Vaca al borde de la muerte. Durante meses yació afiebrado y delirando, relatando sucesos imaginarios que siempre algo rescataban de la realidad, casi sin poder caminar, abandonado como un perro entre sus dueños. Cuando finalmente logró recuperarse, Núñez aprovechó una distracción y se escapó de la tribu en que vivía, donde había pasado a ser tratado como esclavo. Se fue a vivir con el clan donde habían quedado sus amigos Lope de Oviedo y compañía.

Entre sus nuevos amos continuaría siendo un sirviente, como sus colegas, pero con progresivos privilegios. Se le asignó la función de mercader: debía viajar unas leguas tierra adentro llevando conchas de caracoles y volver con pieles y ocre.

Cuando por fin Cabeza de Vaca pudo reconvencer a Oviedo de irse, tuvo que sacarlo de la isla con violenta premura, arriesgando la vida de ambos. Pronto se integraron a una caravana de indios, con los que marcharon. Éstos les informaron que no lejos de allí había tres cristianos como ellos, a quienes una tribu tenía esclavizados y eran tratados con crueldad. Probablemente aquella fue la gota que colmó el vaso: Lope de Oviedo, antes soldado valiente, tuvo un brote de pánico, y decidió apartarse del grupo dando gritos de espanto y diciendo incoherencias.

Álvar no pudo detenerlo, pues el rudo castellano parecía haber perdido la razón. Los indios tampoco lo intentaron, ya que no valoraban ya en mucho al desquiciado. Así pues, sus compañeros y sus captores lo dejaron ir y nunca más se volvió a saber de él.

Cabeza de Vaca y sus compañeros, los evadidos, ya sin Oviedo, siguen adelante en una extensa travesía hacia el suroeste de los actuales Estados Unidos de América, en el norte de México.

Peatones del Apocalipsis

> Por toda esta tierra donde alcanzan sierras vimos grandes muestras de oro y alcohol, hierro, cobre y otros metales. Por donde están las casas de asiento es caliente; tanto, que por enero hace gran calor. Desde allí hacia el mediodía de la tierra, que es despoblada hasta la mar del Norte, es muy desastrosa y pobre, donde pasamos grande e increíble hambre. Y los que por aquella tierra habitan y andan es gente crudelísima y de muy mala inclinación y costumbres. Los indios que tienen casa de asiento, y los de atrás, ningún caso hacen de oro y plata, ni hallan que pueda haber provecho de ello.

Así pinta Álvar el escenario.

Finalmente Álvar Núñez, Alonso del Castillo Maldonado, Andrés Dorantes de Carranza y Estebanico el esclavo retomaban la travesía de un territorio desconocido.

En los primeros tramos, equivocaron los cálculos y deambularon en círculos, lo cual les hizo perder energía y provisiones, pero acabaron llegando a tierras con pobladores hospitalarios. Aquí, las mujeres eran mejor consideradas y respetadas de lo que habían visto en otras tribus. En esta cultura descubren una costumbre extraña: una vez que la mujer quedaba embarazada, la pareja no volvía a tener relaciones sexuales sino hasta que el hijo cumplía dos años. El período de amamantamiento, por otra parte, era increíblemente extenso: duraba hasta los doce años de edad. El divorcio estaba permitido si no había hijos; los homosexuales eran tolerados; vestían como las mujeres y desempeñaban sus mismas tareas.

En cierta oportunidad Núñez salva a un hombre extrayéndole una punta de flecha clavada en su cuerpo. Otra vez ayuda a volver en sí a un cataléptico. Éstos y otros casos llevaron a que la población local los honrara como semidioses.

Algo de esto, empero, le sonaba familiar a Álvar y los suyos, por lo que nunca perdían la cautela. Por su parte, los españoles, solían pedir alimentos a cambio por los "servicios" prestados.

Pero frecuentemente solo lograban compartir el hambre. La tribu que los había acogido era tan amable como pobre en materia de recursos. Estaban pasando una mala época. Los españoles, así, eran ahora libres pero habían caído en las emblemáticas garras de un destino repetido: el hambre. Los indios les proporcionaban la única proteína con que contaban, y era una suerte de grasa de venado, extrañamente condimentada, que tenían almacenada y, acaso por los mismos condimentos que llevaba, no se descomponía con el calor del día, a pesar de conservarse a la intemperie durante meses.

Con los indios que habían conocido, los españoles marcharían largamente en busca de tierras menos hostiles. Estebanico, el esclavo moro, solía ser quien precedía al grupo, acompañado de aborígenes que además de estimar a los pálidos peregrinos y considerarles "poderosos" simpatizaban con el moreno siervo, a quien también asignaban cierto tipo de deidad lateral.

Los acompañantes indígenas los seguían fanáticamente, en la creencia de que, junto a ellos, nada podría hacerles daño, y que junto a ellos encontrarían sin duda un poblado donde pudieran reponerse todos.

Así, los españoles, esta vez acompañados por baquianos locales, siguieron un camino que los llevaría hacia los primeros villorrios con señales de vida (o mejor dicho, de muerte) en julio de 1536.

Lo que comenzaron a encontrar, en realidad, eran pueblos abandonados donde evidentes huellas de violencia y peste hacían suponer hechos nefastos.

Pronto tomarían conocimiento de que incursiones de sus compatriotas habían diezmado la región saqueando, violando y capturando esclavos. Ante ese panorama de desolación, Núñez volvió a dudar acerca de cuál de los dos bandos podía jactarse de mayores valores morales.

A medida que Álvar y los suyos avanzaban, iban congregando más indios en derredor suyo. Paradójicamente, de cautivos habían pasado a ser adalides; los aborígenes los adoraban y consideraban que a su lado obtendrían grandes beneficios de los dioses.

Cerca del río Sinaloa, la comitiva de Cabeza de Vaca ya arrastraba con su místico liderazgo a la nada despreciable suma de 600 indios. En esa instancia fue que se encontraron con una avanzada de los españoles de México, que quedaron pasmados ante la singular apariencia del jerezano; una mezcla de chamán y brujo europeo harapiento.

Los aborígenes que lo seguían, para colmo, se negaban a abandonar su "protección espiritual". Rechazaban cualquier trato argumentando (no sin razón) que fuera del aura protectora que les había propiciado Álvar Núñez, sus vidas no valdrían nada: "...yendo con

Asalto de las tropas colonizadoras a un poblado aborigen.
La violencia con la que se realizaban estas maniobras
militares atemorizaba a los nativos.

ellos –blasonaba un viejo cacique– no les tememos a ustedes ni a sus lanzas".

Los conquistadores provenientes de México quisieron capitalizar para sí la idea fantasiosa que habían generado Núñez y los suyos: pretendían convencer al indio de que estos "brujos blancos" eran, no obstante, cristianos de una casta inferior. "Ustedes mienten. Estos cristianos que son nuestros amigos vienen de donde el sol sale, y ustedes de donde el sol se pone. Ellos aman a los enfermos; ustedes matan a los que están sanos, replicó el viejo cacique".

Y agregó: "Ellos no tienen codicia y todo cuanto reciben lo vuelven a dar; ustedes no hacen otra cosa que robar y no dan a nadie nada".

Finalmente Álvar Núñez y sus compañeros, viéndose apremiados por la presión cultural (y materialmente militar que blandían sus compatriotas) debieron aceptar separarse de la indiada. Convencieron a los pobres nativos con artilugios y falsas promesas: los ilusos quedaron en manos de unos castellanos feroces y brutos, en nada parecidos al bueno de Cabeza de Vaca.

¿Hace falta revelar el destino de aquellos crédulos naturales que desoyeron las palabras del viejo jefe, quien insistía, por su parte y hasta el hartazgo en quedarse al lado de Álvar? Digámoslo en una palabra: muerte.

Algo de esto intuyó Cabeza de Vaca, pero nada podía hacer, desde su punto de vista. Es aquí donde su origen cultural prevalece sobre su aventura y –aunque no sería testigo de la masacre– resulta indirectamente cómplice de una de las tropelías propias de su etnia.

Superada la separación, marcha entonces Álvar Núñez con sus compatriotas y se dirige con ellos a tierras aztecas. Poco antes de entrar en la ciudad, Hernán Cortés recibe a la comitiva. Lejos de espantarse (el extremeño no era ningún pacato y sabía de lo plástica que puede ser la vida de un genuino aventurero) escuchó a Cabeza de Vaca con atención y respeto.

Tras casi noventa días "en observación" bajo la tutela del conquistador de México, finalmente Álvar Núñez se embarca hacia la madre patria.

Parte desde Veracruz el 10 de abril de 1537. Volvía a su tierra natal tras una década de ausencia. Era poco lo que quedaba en él de español. Y esto lo sentiría profundamente a la hora de aclimatarse.

Paraguay o el "paraíso mahometano"

Volver a casa no fue para Cabeza de Vaca menos traumático que el resto de su experiencia transcontinental. Antes de arribar a La Habana, el 4 de mayo de 1537, debió atravesar tremendos temporales. Volvió a zarpar rumbo a España el 2 de junio, de ese mismo año, pero en el camino casi naufraga cerca de las islas Bermudas, y su navío estuvo a punto de ser apresado por un galeón francés en las inmediaciones de las Azores. La providencial intervención de buques portugueses lo protegió de morir o acabar otra vez esclavizado. Llegaría a Lisboa el 9 de agosto.

Don Álvar ya había empezado a redactar su *Relación de lo acontecido en Indias*, que sería editada, tal como se ha dicho, recién en 1542. Antes de lo cual, ansioso por mantenerse ocupado y no quedarse solamente enfrascado en la escritura, se dirigió a Toledo, la capital del imperio de los Habsburgo, gobernaba por entonces por el emblemático Carlos I de España y Carlos V de Alemania. En su corte, Cabeza de Vaca es respetado y escuchado. En función de ello, y de la amplia experiencia que ha adquirido tras diez años de aventuras y desventuras en América, el monarca le encomienda una misión. Se le asigna la tarea de recuperar y fortalecer al aislado establecimiento de Asunción del Paraguay.

Para cuando es enviado Cabeza de Vaca a la colonia del Paraguay, ésta contaba apenas con un puñado de españoles al mando. Recordemos que la fundación había sido casi una esquirla de la acometida realizada por Pedro de Mendoza en la desembocadura del Plata[25]. La mayoría de los pobladores efectivos que

---

[25]Ver Capítulo 6 de este libro, donde se aborda en profundidad el pasaje de la conquista correspondiente al Río de la Plata, a partir de su figura mayúscula, el adelantado Pedro de Mendoza.

mantenían allí algo parecido a una "comunidad" eran unos pacíficos labradores guaraníes.

Lo cierto es que el abandono, la indisciplina entre los propios oficiales reales y la corrupción, habían convertido a este enclave en lo que pronto se daría en llamar (no sin cinismo) "paraíso mahometano": en Asunción cada conquistador se dedicaría a integrar un harén de decenas de muchachas que trabajarían para él, además de complacer sus apetitos carnales y darle decenas de hijos mestizos. El coito y la procreación era la más agotadora de las tareas que en estos lares realizaban los adelantados.

El resto del tiempo se iba en las intrigas que desde el comienzo caracterizaron a esta colonia. Juan de Ayolas, buscando el camino a los tesoros del Perú, moriría abandonado a su suerte en tierra hostil, traicionado por el inescrupuloso Domingo Martínez de Irala, quien a partir de entonces se haría con el control de la colonia.

Como adelantado, gobernador y capitán general del Río de la Plata, parte de la misión de Álvar Núñez, nombrado por el rey, era disciplinar al personal, normalizar la situación e informar a su Majestad. El jerezano bien sabía de la turbiedad imperante en el ejido guaraní cuando partió de España al mando de cuatro barcos, el 2 de diciembre de 1540.

Luego de demorarse 25 días en las islas Canarias por falta de vientos favorables y soportar problemas en el casco de la nave capitana merced a los cuales perdería parte del agua dulce y de las provisiones, el 29 de abril de 1541 la expedición finalmente fondeó en la isla de Santa Catarina, perteneciente al actual Brasil.

Hastiado de los problemas propios de cada navegación que asumía, y deseoso de ir por donde ningún europeo antes había puesto su pie, Álvar decidió llegar a Asunción por tierra. Marchó con 250 infantes, 26 jinetes y decenas de indios, al frente de una expedición que recorrió 1.600 km, a través del sur de lo que es hoy

Brasil, hasta Asunción, la capital de Río de la Plata, bajo la guía de un guaraní convertido al cristianismo. Emprendió dicha travesía el 2 de noviembre de 1541 y, como no podía ser de otro modo, el viaje fue accidentado. Durante gran parte del trayecto debieron avanzar talando la selva.

Familiarizado con las penurias de otras poblaciones aborígenes, a Núñez le impresionó la bonanza de estas comunidades. Advirtió que los guaraníes disfrutaban de una alimentación abundante y variada, producto tanto de la caza y la recolección como del cultivo y la domesticación de animales. Las evidencias indicaban que los nativos eran mucho más laboriosos que sus colegas españoles. De hecho, contaban, además, con una acertada organización.

Pero no todo era paz y prosperidad. Bajo el gobierno de los ancianos de cada tribu, hacían la guerra con gusto y frecuencia, practicaban el canibalismo como una costumbre natural frente al cadáver del enemigo derrotado.

Un detalle que llamó la atención de Álvar era el hecho de que aquellos hombres sentían tal temor reverencial por los caballos, que les ofrecían miel y gallinas, suponiendo que gracias a estas ofrendas los equinos no les harían daño.

Álvar Núñez tomó posesión como gobernador de la provincia en 1542.

Si Cabeza de Vaca carecía de interés en las intrigas políticas –lo que tenía de valiente le faltaba de maquiavélico– en cambio, Domingo Martínez de Irala, uno de sus principales subordinados en Asunción, era adicto a ellas, al oro y al poder. Todo lo cual haría que inevitablemente, en un momento determinado, Núñez e Irala chocaran.

En principio, sus antagónicas diferencias se vieron planteadas respecto de cómo debía tratarse a los indios. Un episodio en particular fue el disparador de la gran confrontación entre dos personajes tan distintos.

Ocurrió cierto día en que Álvar Núñez mandó azotar a un español que había violado a una niña guaraní. Esto enfureció a muchos del pequeño grupo hispánico que venía cometiendo atropellos de ese tipo desde hacía mucho tiempo.

Irala aprovechó el conflicto para generarle a Núñez una hostilidad interna y poner de su lado a la mayor parte de los irritados conquistadores. Así, el conspirador, encabezó, el 23 de abril de 1544 un "golpe de mano" contra Cabeza de Vaca, quien fue detenido, destituido y enviado, el 8 de marzo de 1545, a España con los grilletes puestos.

El epílogo de la campaña resultó otra vez frustrante para Álvar, que regresaba a su España encadenado como un prisionero común, fruto de la picardía golpista que solía habitar el Nuevo Mundo.

Al llegar a su patria resultó procesado y condenado a un exilio de ocho años en Orán, aunque obtuvo en 1556 el perdón del rey Felipe II, sucesor de Carlos I.

EL REGRESO DEL DESTIERRO

El fracaso en Asunción de Paraguay en cuanto a conducir un gobierno justo, basado en la moral católica y en el respeto a las comunidades indígenas, terminó de quitarle energía a este inquieto explorador que era Cabeza de Vaca. Políticos y clérigos corruptos, similares a quienes conspiraron contra él, pululaban por todos los rincones vinculados a la conquista de América, motivo por el cual, su fuego entusiasta se fue apagando. Tras recibir el indulto de Felipe II no volvió a intentar nuevas travesías.

Carlos I, rey de España, fue el primero que unió en su persona las coronas de Castilla y Aragón. También fue emperador del Sacro Imperio Romano Germánico (con el nombre de Carlos V).

Algunas versiones lo ubican como nombrado presidente del tribunal supremo de Sevilla, antes de tomar los hábitos e ingresar a un monasterio de dicha ciudad, donde murió hacia 1557-60.

El Inca Garcilaso de la Vega, en cambio, afirma que tras perseguirlo infructuosamente durante décadas, el descanso eterno lo alcanzó por fin en Valladolid, al parecer viviendo en la miseria.

Su relato de la expedición de Narváez, *Relación* (1542), y sus narraciones sobre la ciudad de Zuñi y sus pobladores, una de las legendarias siete ciudades de Cibola, sirvió de aliciente para otras expediciones al continente americano, en especial las de los exploradores Hernando de Soto y Francisco Vázquez de Coronado.

El cronista de *Naufragios* asegura que, tras tantos años de vagabundeo, no podía dormir en una cama ni soportaba la pesada ropa occidental. Se ha dicho, incluso, que Cabeza de Vaca no podía ni siquiera calzarse los opresivos zapatos con taco y hebilla que usaban los hombres de su clase, motivo por el cual, solía andar vestido de europeo pero descalzo. Así, ante sus compatriotas, vivió situaciones de gran incomodidad social. Muchos de su origen lo veían y consideraban un desclasado, un loco, un renegado.

Álvar Núñez Cabeza de Vaca forma parte esencial de la experiencia testimonial de la conquista. Es en cierto modo la voz de la conciencia de una España más humana en la teoría que en la práctica.

Su vida y sus escritos han inspirado numerosas ficcionalizaciones, entre las cuales destaca el aporte del escritor argentino Abel Posse con su novela *El largo atardecer del caminante*. En dichas páginas, el autor rioplatense asume la voz de Álvar recordando esa forma carnal de vivir la conquista que tuvo el aventurero:

> Éramos como indios entre los indios; tal nuestra pobreza, nuestra falta de imperio y poder. Curioso destino: haber llegado con voluntad e investidura de conquistador y enseguida haber caído en una posición inferior y más penosa que la del último conquistado. Además, desde aquel terrible amanecer en la isla del Malhado, se

puso en evidencia que sin los indios y sus artes eficaces y primitivas, no hubiésemos podido sobrevivir. Nunca podría comprender un oficial del Consejo de Indias que, desde un punto de vista estrictamente natural, nosotros estábamos comparativamente disminuidos frente a ellos. Simplemente eran mejores animales de la tierra. Sabían encontrar tunas, olfatear bayas, atrapar peces cuando se tiene solamente las manos y preparar trampas para venados, que son tan desconfiados y huidizos.

–¿Pero qué pasó? ¿Qué fue de Vuesamercé y de sus compañeros?

Le explico entonces a Lucinda que cuando estábamos muriéndonos de frío en las playas del desastre final, nos vimos rodeados por los dakotas adornados con sus terribles figuras en negro y rojo, sus colores de guerra, y que en vez de matarnos, como tal vez hubiese ordenado Narváez de encontrarse en la situación inversa, abandonaron sus armas en la playa, nos rodearon, se arrodillaron y empezaron a llorar a gritos para reclamar la atención de sus dioses en favor nuestro. Era un ritual de compasión, de conmiseración, tan sentido y desgarrante que Dorantes supuso que eran verdaderos cristianos. Dibujó una gran cruz en la arena de la playa pero el jefe la miró con indiferencia, sin dejar de clamar a los cielos. Lágrimas como de lluvia de verano corrían por sus rostros pintarrajeados. Nuestro dolor, nuestro desamparo, fue como absorbido por aquel gran gesto de pena ritual.

Agrega Posse que Álvar Núñez:

Fue el verdadero descubridor de los Estados Unidos, pese al tendencioso interés de los norteamericanos por preferir un descubridor originario de la barbarie nórdica y no católico: La Florida, Alabama, Mississippi, Luisiana hasta Galveston, Texas cruzando el territorio de la hoy tan populosa Houston, Nueva México, el Arizona hasta la región de Mesa. Entró en México por Sonora y Chihuahua donde se detuvo entre el pueblo de videntes, los tarahumaras, cuatro siglos antes que Antonin Artaud. Cuando llegó a la ciudad de México se dio cuenta que ya tenía pie de indio: no le entraban las botas.

Capítulo VIII
Orellana y las amazonas

Cuando Francisco de Orellana vio por primera vez el Amazonas, el 12 de febrero de 1542, tenía 31 años de edad y quedó impresionado. Llevaba una década y media viviendo en América, tras dejar su Trujillo natal. Había sido testigo de episodios y escenarios desbordantes. Pero nada como aquellas aguas.

No está entre los primeros conquistadores; pertenece a la "segunda generación" de expedicionarios, en realidad. Pero las crónicas han creado un extraordinario mosaico colorido a partir de la penetración amazónica de Orellana y todo lo que ésta le depararía en una interminable sucesión de sorpresas, incluyendo el desfile de extraños animales, tribus, plantas y fenómenos físicos.

Pero ¿quién es exactamente este joven capitán que tiene el raro privilegio de desvirgar la cuenca mayor del planeta, a cuyos márgenes se esconden los más reservados secretos de América? ¿Quién es este soldado y marino que avanzará con toda la fragilidad del hombre frente a esa cintura de agua, paralela al ecuador, trazando casi un tajo de Atlántico a Pacífico? ¿Cómo ha llegado hasta allí? Bien merece una presentación biográfica, antes de zambullirnos en su fascinante descubrimiento.

Nacido extremeño, en el año 1511, Francisco de Orellana era vecino y pariente de los hermanos Pizarro (su abuela materna era prima hermana de un abuelo de éstos). Como ellos, Francisco también vería en América un destino y se embarcaría muy joven. Así, siendo apenas un adolescente, mientras corría el año 1527, Orellana pisaba el Nuevo Mundo enrolado en las huestes de su tocayo y paisano Francisco Pizarro, el mayor en esa hermandad de conquistadores natos e implacables.

Junto a él, o mejor dicho, a sus órdenes, participaría en la conquista del imperio incaico, demostrando alto valor y coraje. Casi le cuesta la vida esa temeridad que lo llevó a perder un ojo, durante un enfrentamiento con los feroces indios manabíes. El hecho es que antes de cumplir los treinta años, Orellana ya había participado no solo en enfrentamientos varios sino en la administración y colonización del Perú; fundó la ciudad de Guayaquil y, como si ello fuera poco, había conseguido acumular una considerable fortuna.

Pero Francisco de Orellana no tenía la personalidad de alguien dispuesto a sentarse a gozar de sus riquezas. En tal caso, hubiese regresado a España. Por el contrario, eligió quedarse e inmiscuirse en uno de los tantos conflictos internos que caracterizaron a los primeros años de la conquista americana.

En 1533 pasó a Perú y participó en la fundación de Puerto Viejo. Luego, al estallar la guerra civil entre Francisco Pizarro y Diego de Almagro, Orellana se alió a su pariente sin dudarlo. Conformó y adoctrinó un pequeño ejército, e intervino al mando del mismo en la batalla de Las Salinas, donde Almagro fue derrotado.

Francisco de Orellana viajó a la Indias siendo aún muy joven. Allí se sumó al ejercito de Francisco Pizarro en Perú y desempeñó un papel fundamental en múltiples campañas militares. Fue uno de los mejores oficiales del conquistador del imperio inca.

También, como administrador, aprendería mucho de su segundo jefe (otro Pizarro, en este caso Gonzalo) a la sazón gobernador de la provincia de Quito, enclave a partir del cual nacerá la capital del actual Ecuador.

Luego de haber dado múltiples pruebas de coraje y lealtad en combate y en política, Pizarro le otorgó a Orellana en 1538 la gobernación de la provincia de la Culata, en la cuenca del Guayas (Ecuador), donde, además de ocuparse de la Villa Nueva de Puerto Viejo, debía erigir la ciudad de Santiago de Guayaquil (actual Guayaquil), fundada en 1535 por Sebastián de Belalcázar, y que había sido destruida por los indios. Por su actuación como gobernador cosechó una excelente fama y gran respeto por parte de sus subordinados.

Entre otros rasgos de su particular estilo descolló en la vocacional habilidad para aprender las lenguas nativas. A tal punto pasó a gobernar esos idiomas que muchos de los trances que luego sobrevendrían en su vertiginosa expedición amazónica estarían signados favorablemente por este conocimiento que le salvó la vida él y a sus hombres en distintas oportunidades.

EL PAÍS DE LA CANELA Y EL MOTÍN

Las noticias acerca de una tierra abundante en canela (especia altamente cotizada en Europa del siglo XVI) desvelaban a muchos expedicionarios españoles que habían puesto el ojo del deseo hacia el oriente ecuatoriano. Como si esto no fuera suficiente, los rumores habían unido un mito con otro, y también señalaban la existencia del fabuloso reino de El Dorado en la misma dirección.

En 1539 al título de gobernador, Orellana agregó el de capitán general y dos años después se incorporó a la expedición que el nuevo gobernador Gonzalo Pizarro encararía en busca de "El país de la canela".

Francisco Pizarro había dado a Gonzalo, su hermano más querido, la gobernación de Quito, puerta de salida para el país de esa especia que a todos tentaba junto con sus mitos afluentes (valga la analogía, emulando el mismo vigor vital que el propio río Amazonas tenía reservado para los conquistadores).

Gonzalo, cuando bebía, hablaba entusiasmado de ese territorio donde además, aseguraba, yacía un lago sereno, enmarcado por orillas donde la arena estaba formada por guijarros grandes y pequeños de oro, y piedras preciosas.

Incorporado Orellana como hombre de mayor confianza, se adelantó a fines de febrero de 1541 con 220 españoles, varios cientos de indios de la Sierra, caballos, cerdos y perros, en busca de esos ansiados yacimientos que excitaban la imaginación del hombre blanco con brillos y aromas.

Juntos llegaron al río Coca donde se les acabó la comida. Empezaba entonces la pesadilla del hambre, que todos los planes deformaba y todos los destinos ramificaba hacia lo insondable. En este punto de inflexión, los dos compañeros deciden que Gonzalo quede y Francisco tome la vanguardia en busca de víveres.

Construyeron un buque de dos palos y una vela cuadrada para esta misión de riesgo y se largaron río abajo sin saber la fuerza con que los impulsarían aquellas aguas furiosas. El plan era que Orellana navegaría en el bergantín de marras y Gonzalo caminaría por la ribera. Pero las velocidades entre ambas opciones eran desmesuradamente distintas a lo esperado.

Según Antonio de Herrera:

> ...i porque siempre afirmaban los indios que á quince jornadas se hallaría un gran río, maior que aquel, con grandes Poblaciones, i mucho Bastimento, mandó Gonzalo Pizarro á Francisco de Orellana, que fuese á reconocerlo con sesenta Soldados, i que con brevedad bolviese con la Barca llena de Bastimento, pues veía la gran falta en que se hallaban, i que él seguiría con el Campo el Río abaxo, i que por la mucha necesidad en que quejaban, de él solo fiaba la Barca.[26]

Pero no serían quince días. Las penurias del hambre comenzaron a azotar a la pequeña comitiva hasta la desesperación. Empiezan las enfermedades. Durante diez días avanzan por el oscuro río sin encontrar alimentos. El fraile Gaspar de Carvajal, que viaja con ellos, sacrifica hasta la harina que tenía reservada para las hostias y cocina unos exiguos panes; la tripulación los devora en un abrir y cerrar de ojos. Ya nada queda y parecen ir a la deriva.

---

[26]Herrera, Antonio: *Historia General de los Hechos de los Castellanos en las Islas y Tierra Firme del Mar Océano*, Década VI, Libro IX.

Cierto día, Orellana escucha unos tambores a lo lejos. El sonido crece y se acerca; no hay duda, están cerca de alguna población india, lo cual es sinónimo de alimento. El capitán ve a lo lejos a unos aborígenes en la costa y ordena desembarcar. Raudamente se lanzan los expedicionarios sobre la pequeña aldea, remando con desesperación.

Se produce entonces un episodio que podríamos considerar clásico y frecuente en la historia de la conquista toda. Bien vale revivir dicha instancia en la pluma de Leopoldo Benítez Vinueza[27], quien evoca los hechos con ágil pluma y estilo visceral, al repasar:

> Los mismos brazos que no podían antes con los remos, levantan ahora los pesados arcabuces, las piernas que no podían caminar, corren. Es el milagro del instinto. La necesidad de vivir que se impone sobre todo decaimiento. La fuerza impulsora y primitiva que hace resucitar las energías muertas. Se trata de algo elemental: vivir, arrebatar la comida, quitar la presa al enemigo para poder subsistir. Como los animales que pelean por el pedazo de carne. Los indios salen en fuga al ver la decisión pintada en los rostros de esos hombres y al oír el estampido retumbante de los arcabuces. Caen con rapacidad sobre la comida. Devoran con satisfacción brutal. Con alegría de seres primitivos. Beben la chicha que dejaron los fugitivos. Pero al mismo tiempo tienen que mirar por si los indios regresan. Comen con las espadas bajo las axilas, con las rodelas embrazadas, mirando a todas partes, tal que bestias medrosas que alzan la cabeza para ver si alguien se acerca a disputarles el pedazo de carne palpitante.

---

[27] Benítez Vinueza, Leopoldo: *Argonautas de la selva*, Campaña Eugenio Espejo por el libro y la lectura. Quito, Ecuador, 2002.

Se da allí un fenómeno que luego explicará la medicina con argumentos menos poéticos y más científicos que la literatura. Pero lo concreto es que muchos de estos hombres hambrientos, paradójicamente, no resisten la ingesta. Sus estómagos, habituados a raíces y correas los traicionan y fallan. Caen doblados, mientras engullen, entre espasmos y calambres que atormentan sus vientres: "Es algo doloroso ver los rostros demacrados, casi cadavéricos, de estos hombres que luchan contra la muerte en los mismos momentos en que encuentran los víveres anhelados".

Aquel es el principio de la rebelión solapada que habrá de afrontar Orellana por parte de sus subalternos. Él pretende hacer base en esa tierra pródiga, fortalecerse y volver atrás –río arriba– con las provisiones necesarias, tal como había acordado con Pizarro. Una vez establecidos, y ante la perspectiva de un regreso contra la corriente, con muy pocas garantías de supervivencia, los cuarenta y ocho sobrevivientes le manifiestan, en forma escrita, por intermedio del vasco Francisco de Isásaga, escribano designado por el propio capitán en dicho contingente, una declaración de pacífica, pero firme rebeldía respecto de la intención de Orellana de volver atrás, a auxiliar a Pizarro, según estaba establecido.

Los términos de aquel desacato tan "justificado" que le plantearon a Orellana sus subalternos, quedarían por escrito, y archivados como parte de los *Documentos obrados durante el viaje de Orellana* presentados al Consejo de Indias en junio de 1543 y preservados en consecuencia por el Archivo de Indias.

La declaración que los expedicionarios le presentan a su capitán refleja hasta qué punto la racionalidad y la supervivencia lograban manifestarse en algunos casos, a pesar de la férrea mano con la cual se organizaba la armada española.

Dirán en aquellas líneas los tripulantes, dirigiéndose a su jefe:

Si bien el armamento europeo era más efectivo que el de los nativos, también era muy pesado y eso afectaba tanto al rendimiento de los soldados como al desplazamiento. En la imagen, se observan los arcabuces y las incómodas indumentarias de los conquistadores.

Magnífico señor Francisco de Orellana: Nos, los caballeros, hidalgos y sacerdotes que en este real nos hallamos con vuestra merced, vista su determinación para caminar río arriba por donde bajamos con vuestra merced é visto ser cosa imposible so adonde vuestra merced dejó el señor Gonzalo Pizarro, nuestro Gobernador, sin peligro de las vidas de todos nosotros, y que es o que no cumple al servicio de Dios ni del Rey Nuestro Señor, requerimos y pedimos de parte de Dios y del Real á vuestra merced que no empiece esta jornada tan cuesta arriba, en la que se ponen á riesgo las vidas de tantos buenos, porque somos certificados hombres de la mar que aquí vienen en el barco é canoas que aquí nos han traído que estamos del real del señor Gobernador Gonzalo Pizarro docientas leguas ó más por la tierra, todas sin camino poblado, antes muy bravas montañas, las cuales hemos visto por experiencia é vista de ojos veniendo por el agua abajo en el dicho barco y canoas, padeciendo grandes trabajos y hambre; en el cual camino é viaje veniendo agua abajo hemos tenido temor de perder todas las vidas por la necesidad é hambre que padecimos en el dicho despoblado: cuando más peligro de muerte teníamos subiendo con vuestra merced el río arriba. Por tanto, suplicamos a vuestra merced, é le pedimos é requerimos, no nos lleve consigo el río arriba, por lo que dicho tenemos y representado á vuestra merced; i se ponga en nos lo mandar, porque será dar ocasión á desobedecer vuestra merced, y al desacato que tales personas no han de tener si no fuese con temor de la muerte, la cual se nos representa muy descubiertamente, si vuestra merced quiere volver río arriba á donde está el señor Gobernador: y si necesario es, otra y otra vez le requerimos lo sobredicho, protestando á vuestra merced todas las vidas de todos; y con esto nos descargamos de aleves ni menos desobedientes al servicio del Rey si no le siguiéremos en este viaje: todo lo cual todos á voz de uno lo pedimos é firmamos de nuestros nombres, como por ellos abajo parecerá; y pedimos á Francisco Isásaga lo dé por testimonio, como escribano que es de vuestra merced; y decimos que estamos prestos para seguir por otro camino por el cual salvemos las vidas.

Repasados y analizados los argumentos de tan peculiar "petición" Orellana cede, quizás muy en el fondo, aliviado por salvar, también él, la vida.

Accede entonces el capitán en una forma inevitablemente "consensuada" con los rebeldes a lanzarse a la conquista de nuevas tierras en nombre del rey de España.

EL RÍO MÁS CAUDALOSO DEL MUNDO

Se construyen, a partir de los nuevos planes, dos nuevos barcos –el San Pedro y el Victoria– para la misión renovada en entusiasmo: alcanzar las tierras de El Dorado, y luego, las de las misteriosas guerreras, todas ellas mujeres.

En febrero de 1542 el grupo alcanza las caudalosas aguas del Marañón, luego también conocido con los nombres de Amazonas, Orellana y Bracamoros. Están ante el río más largo del planeta, después del Nilo. Y ante el más caudaloso en volumen de agua, antes que ningún otro, según podemos decir hoy, en pleno siglo XXI a la luz de todos los reconocimientos geográficos realizados.

Entre los tripulantes de la expedición viajaba el dominico fray Gaspar de Carvajal, aquel que había sacrificado la harina de las hostias para paliar el hambre de sus compañeros, cuya relación del descubrimiento del famoso río Grande de las Amazonas constituye hoy una jugosa crónica del viaje, en la cual describe que habiendo pasado 11 días de febrero: "...se juntaron dos ríos con el río de nuestra navegación. Y eran grandes, en especial el que entra la mano diestra... El cual deshacía y señoreaba todo el otro río y pare-

El río Marañón nace en el glaciar de Yapura, a 5.800 m de altura en los Andes peruanos. Recorre 1.600 km hasta el río Vayali, y ambos dan origen al río Amazonas.

cía que le consumía sí porque venía... (furioso y con) ...grande avenida...".

El relato del religioso no escatima detalles, ni parece necesario, dada la magnitud del ecosistema al cual se han aventurado estos hombres. Los encantos superlativos del Amazonas de por sí ya son dignos del mito: en su desembocadura, con casi 250 millas de ancho y una profundidad de hasta 300 pies, el gigantesco río deposita una cantidad de agua que es 60 veces mayor que la del Nilo y 11 veces mayor que la del Mississippi: esto representa un 20% de toda el agua dulce que se vierte en los océanos de todo el globo terráqueo.

A su vez, en materia de diversidad biológica, la zona es próspera (aún hoy lo sigue siendo); el bosque pluvial que rodea el cauce refugia a más de la mitad de todos los animales y plantas del planeta. En el bosque pluvial, que se piensa tiene quizás 100 millones de años de existencia, se han contado 117 especies de árboles en solo media milla cuadrada de terreno.

Los pobladores de la región han considerado al bosque, desde mucho antes que llegaran los españoles, como un sitio sagrado, un nexo vital entre el hombre y la naturaleza. Su belleza es leyenda y sus poderes curativos legendarios también.

Ante el verde desfile de exhuberancias, un asombro infantil invade a estos desconcertados hombres blancos que contrastan y advierten la diferencia impresionante entre los exiguos riachuelos y vegas de su lejana España natal con lo que les despliega el gigante acuático al cual han accedido en un bergantín que en tal inmensidad parece una cáscara de nuez.

Es cierto que los mismos exploradores ya se habían maravillado ante el Orinoco, el Magdalena y el propio río Guayas del cual venían. Pero ni siquiera esos ruidosos cauces eran un antecedente de esta especie de mar correntoso y dulce, inexplicable en el tumulto de su oleaje y su impredecible destino. Y qué decir en cuanto al misterio remoto de sus orillas. Benítez Vinueza lo plasma con pluma maestra:

> Avanzan lentamente. Sobre los bergantines vuelan aves desconocidas. Vuelan en escuadrones. Hacen raros virajes y con audaces golpes de ala se remontan hacia un cielo de nubes bajas, opaco y cargado de humedad persistente. A veces las aves se posan sobre las extensiones lacustres o se pierden gritando en la selva.
>
> Palpita en el paisaje una vida extraña. Un misterio que atrae con fuerza irresistible. Una especie de embrujo fascinador. Algo les llama con voz atractiva, desde el fondo de la espesura. De la selva sale una vida multiforme y confusa: gritos de animales, bramidos de fieras, cantos de pájaros, ruidos de troncos removidos por el viento, susurro de hojas. Hay allí animales extraños: jaguares de piel pintada, panteras negras de ojos fosforescentes, dantas de aspecto extravagante; pájaros de todos los colores, aves de aspecto exótico

con apéndices huecos que les cuelgan bajo el pico y les sirven para producir un bramido como de vacadas ariscas; hay reptiles variados: víboras diminutas, grandes ofidios venenosos de piel verde, roja, amarilla, de manchas entrecruzadas; la boa constrictor, gruesa como un tronco de árbol, que se arrastra cautelosa por las orillas de los ríos y mira su presa con ojos redondos; saurios gigantes que toman el sol en los barrancos, con las fauces inmóviles como los cocodrilos hieráticos de los viejos ritos, sin hacer caso de las zancudas que se posan sobre sus lomos, ni de las palmípedas que nadan al alcance de sus fauces; monos de todos los tamaños que chillan en las copas de los árboles. Hay ojos encendidos, alas agitadas, élitros sonoros...

Efectivamente, entre las criaturas fascinantes que habitan aquellas orillas, los hombres de Orellana se encontraron con toda la desmesura de la naturaleza selvática, superando con su veracidad las leyendas acerca de dragones. Las anacondas (en materia de serpientes lo más grande del mundo, que ha visto el hombre aún hasta hoy), boas, caimanes, jaguares pumas, osos hormigueros, guacamayos de plumas escarlatas, cotorras, papagayos, tucanes, monos, pirañas y arapaimas y enormes peces de agua dulce impresionaban día a día como una fauna apocalíptica, difícil de aceptar con los ojos para aquellos rústicos expedicionarios. Pero lo que más los pasmaría no pertenecía al mundo animal, sino a la raza humana.

AMAZONAS: EL TERROR ES MUJER

Avanzando por entre aquellas vigorosas aguas, la expedición llegó en mayo del mismo año a Machifaro, capital del país de los omaguas, al norte de Perú. La recepción de los aborígenes fue violenta, pero apenas resultaría aquello una muestra de lo que verían pocas semanas más tarde.

Los expedicionarios siguieron río abajo; el 23 de mayo descubrieron la triple desembocadura del Purús, que llamaron río de la Trinidad. El 3 de junio de 1542 dieron con el río Negro y, tras abandonar la desembocadura del Madeira y, poco después, la del Tapajós, llegaron al legendario reino de las guerreras amazonas.

Inconmensurable sería el asombro de estos curtidos guerreros españoles al verse acorralados por miembros del "sexo débil". Si la selva tenía sorpresas grandes como las anacondas y feroces como el mismo diablo, poco desconcertó tanto a los rudos conquistadores como el potencial bélico de "soldadas" que hasta se daban el lujo de conducir a los hombres –esclavizados por ellas– entre sus tropas.

Exactamente, la fecha en la que sufre el ataque la tropa de Orellana es el 24 de junio, día de los fuegos de San Juan. Los comandantes enemigos eran del sexo opuesto: jóvenes desnudas, musculosas, más blancas, más altas que los indios varones hasta entonces conocidos por los expedicionarios.

Según ciertas descripciones (muy semejantes a relatos similares hechos por Ulrico Schmidl en su *Viaje al Río de la Plata*) las guerreras tenían solo un pecho. Quienes afirmaban esto sostenían que dicha anatomía era consecuente con la necesidad práctica de supervivencia, por la cual las bravas arqueras necesitaban apoyar el puño sujetando cerda y flecha sobre una superficie plana, para disparar, mientras que con el pecho restante, sí, daban de mamar a su progenie. Mayormente a sus hijas. Pues, también según estas versiones, no criaban varones.

Al hombre, en dicha sociedad solo le cabría el papel de procrear y, eventualmente, marchar a la guerra, siempre en la última escala jerárquica, o acaso sencillamente esclavizado, forzado a pelear por su vida, como ha sucedido, entre varones, en muchas tribus a lo largo de la historia.

Corría también el rumor entre los expedicionarios de que las guerreras aquellas se quemaban el pecho derecho para conseguir de él una planicie. Pero este detalle –al igual que otros– tendía a mezclarse con el mito griego que las ubicaba en Escitia o Asia Menor a orillas del mar Negro, cual bellas mujeres, alguna vez aliadas a los troyanos y luego en guerra con ellos (de ahí el nombre de "amazonas", derivado de la palabra griega que alude a "amesetadas", sin pecho).

Fray Gaspar, el capellán cronista, recibió en aquella refriega dos flechazos que lo malhirieron, uno de ellos en el ojo. Su relato al respecto sería aterrador:

> ...íbamos caminando, buscando algún apacible asiento para festejar y regocijar la fiesta del glorioso y bienaventurado San Juan Bautista, y quiso Dios que en doblando una punta que el río hacía, vimos la costa adelante muchos y muy grandes pueblos que estaban blanqueando. Aquí dimos de golpe en la buena tierra y señorío de las amazonas.

Al referirse concretamente al ataque que lo dejaría tuerto, continúa el dominico: "...vinieron hasta diez o doce, que estas vimos nosotros, que andaban peleando delante de todos los indios como capitanas...".

La descripción del fraile exalta belleza, albor y fiereza militar a la vez:

> Estas mujeres son muy altas y blancas y tienen el cabello muy largo y entranzado: son muy membrudas, andaban desnudas en cueros y atapadas sus vergüenzas, con sus arcos y flechas en las manos, haciendo tanta guerra como diez indios, y en verdad que hobo muchas de éstas que metieron un palmo de flecha por uno de los bergantines y otras menos, que parecían nuestros bergantines puerco espín.

En verdad, estas amazonas americanas parecen una proyección de las mencionadas por los griegos. Carvajal cuenta que en la refriega los españoles liquidaron a siete u ocho amazonas, mediante certeros disparos de ballesta. Sin embargo, el haberlas muerto a la distancia y el peligro que implicaba la aproximación a su poder de arquería, les impidió a los conquistadores tomar prisionera a ninguna amazona, lo cual hubiese permitido saber más sobre estas féminas. De hecho, todos los registros históricos que las mencionan, como el de Carvajal, Schmidl y otros cronistas, las describen a la distancia, en forma mítica pero poco precisa. Temiendo la contraofensiva indígena, Orellana ordena una rauda retirada y tras navegar corridos por el miedo a las feroces mujeres que los han repelido sin remilgos, se detienen en una pequeña población aborigen, asegurándose antes de que no esté habitada por nada distinto al pequeño ejemplar de indio varón que ellos conocen.

Han llegado a Cubagua. Aquí los españoles son recibidos con pánico y la mayoría de los aborígenes huye. Pero consiguen capturar un prisionero:

> En este pueblo ya dicho se tomó un indio que era trompeta y andaba animando la gente, que sería de edad de hasta treinta años, el cual, entomándole, comenzó a decir al capitán muchas cosas de la tierra adentro, y le llevaba consigo.

El mismo rehén les habla de algo que ellos ya han visto y padecido:

> …el indio dijo que eran unas mujeres que residían la tierra adentro cuatro o cinco jornadas de la costa del río, y que por este señor ya dicho, subjeto a ellas, habían venido a guardar la costa de nosotros. El capitán le tornó a preguntar que si estas mujeres eran casadas y tenían marido, el indio dijo que no. El capitán preguntó que si estas mujeres eran muchas; el indio dijo que sí y que él sabía por nombre

En la mitología griega, las amazonas eran las habitantes de una
antigua nación poblada solo por mujeres.

setenta pueblos y que en algunos había estado, y contólos delante de
los que allí estábamos.

Luego, el cautivo describe las viviendas y los caminos del
reino de las amazonas, donde, al parecer, estas cobraban una suerte
de peaje o derecho de paso que imponían a la fuerza contra los
pobres machos sojuzgados de toda la región:

El capitán le dijo que si estos pueblos eran de paja; el indio dijo que
no, sino de piedra y con sus puertas, y que de un pueblo a otro iban
caminos cercados de una parte y de otra y a trechos por ellos puertas donde estaban guardas para cobrar derechos de los que entran. El
capitán le preguntó que si estos pueblos eran muy grandes, el indio
dijo que sí. Y el capitán le preguntó que si estas mujeres parían: él
dijo que sí. Y el capitán dijo que cómo, no siendo casadas ni resi-
diendo hombres entre ellas, se empreñaban: el indio respondió que

> estas mujeres participaban con hombres a ciertos tiempos y que cuando les viene aquella gana, de una cierta provincia que confina junto a ellas, de un muy gran señor, que son blancos, excepto que no tienen barbas, vienen a tener parte con ellas, y el capitán no pudo entender si venían a su voluntad o por guerra, y que están con ellas cierto tiempo y después se van. Las que quedan preñadas, si paren hijo dicen que lo matan o lo envían a sus padres, y si hembra que la crían con muy gran regocijo, y dicen que todas estas mujeres tienen una por señora principal a quien obedecen, que se llama Coroni.

La misma imprecisión descriptiva por parte de los narradores que comentábamos más arriba, y completada parcialmente por lo que Carvajal cree (o quiere) entender y recordar del testimonio del cautivo, ha llevado a muchos recopiladores a replicar que lo que realmente habían combatido estos extremeños, un poco mitómanos y un poco fabuladores, no eran personas del sexo femenino.

¿Qué eran entonces?

La respuesta que suele darse desde la óptica "refutadora" (por así decirlo) es que aquella tropa estaba integrada por varones de una etnia atípica, diferente al común de la región. Se habla en dichas versiones de hombres más altos y blancos que el aborigen tropical, con pechos abultados pero fláccidos, miembros sexuales diminutos y, obviamente, el cabello muy largo, además de sedoso y brillante, todo lo cual les otorgaba un aspecto equívocamente femenino.

Tal tipología se ha llegado a estudiar, incluso, como una variante de la especie humana ligada a casos de hermafroditismo que la ciencia del siglo XXI tiende a examinar con detenimiento en busca de explicaciones sociales y culturales, involucrando a la transexualidad moderna, pero también premoderna y antigua, según quedó relevado en casos como el que se observa en las islas Indonesias, Filipinas y de Nueva Guinea.

En cualquier caso, el mito (o realidad) relativo a las amazonas era un complemento de otra fantasía proyectada llena de deseo: el oro. El oro virgen, latente y tibio en la América inexplorada, cual mujer arisca que habrá de ser conquistada por la ruda mano fuerte del conquistador hispano. Así, el relato del dominico continúa en consecuencia con esa vocación tan terrenal:

> Dice el indio que hay muy grandísima riqueza de oro y que todas las señoras de manera y mujeres principales se sirven con ello y tienen sus vasijas grandes, y las demás mujeres plebeyas se sirven en barro y palo, y que en la ciudad donde reside la dicha señora (la reina de las amazonas) hay cinco casas del sol a donde tienen sus ídolos de oro y de plata en figura de mujeres y muchas más vasijas que les tienen ofrecidas, y que estas casas, desde el cimiento hasta medio estado en alto, están planchadas de plata todas a la redonda y sus asentaderos, de la mesma plata, puestos junto a las planchas, a donde se sientan cuando van a hacer sus borracherías, y estos adoratorios y casas ya dichas llaman los indios "carana" (o "caranain") y "ochisemomuna", que quiere decir casas del sol, y que los techos de estas casas están aforrados en plumas de papagayos y de guacamayas.

Y agrega el fraile en su crónica que:

> También, según entendimos, que hay (en el reino de las amazonas americanas) camellos y que hay otros animales que son muy grandes y que tienen una trompa y que de estos hay pocos. Dice que hay en esta tierra dos lagunas pequeñas de agua salada, de que hacen sal. Dice más, que tienen una orden que en puniéndose el sol, los indios que vienen a contratar y atraer sus tributos han de salir fuera de las ciudades y se van fuera, y que tienen a muchos señores a ellas subjetos, los nombres de los cuales son los siguientes: uno se llama Rapio, otro Yagnarestorono, y que estos todos son grandes señores y que también confinan con otros que tienen guerra, y que todo lo que ha dicho ha visto y sabe.

Para dar mayor veracidad a lo testimoniado por el indio prisionero, además de asegurar que su narración coincide con la de otros aborígenes, Carvajal lo describe como una persona creíble, de aspecto cuerdo y colaborador: "Este indio era de edad de 30 años, de mucha razón y muy bueno y procuraba de saber muchas particularidades de nosotros".

EPÍLOGO DE UN VALIENTE AVENTURERO SIN SUERTE

Los expedicionarios prosiguieron el viaje hasta su llegada al Atlántico en agosto de 1542. Desde allí Orellana se dirigió con sus hombres al golfo de Paria, en tierras venezolanas, y tras una breve estancia en Cubagua y Santo Domingo, partió hacia España para comunicar a la Corona el descubrimiento de estas tierras, que bautizó con el nombre de Nueva Andalucía.

La travesía no resultó fácil. Francisco ya estaba agotado de andar navegando y la furia climática del océano no le regaló nada mejor que las desventuras sufridas en agua dulce. Estuvo a punto de naufragar varias veces.

Este epílogo para su larga experiencia americana no fue el mejor. Orellana envejeció de golpe, y llegó al continente europeo muy demacrado. Con tal suerte que ni siquiera tocó puerto en España, sino en Portugal.

El rey lusitano, sin embargo, recibió con lujos y honores al conquistador. No ignoraba que se encontraba ante un hombre de valor y envidiables virtudes, al que incluso llegó a sugerirle que se empleara al servicio de la Corona portuguesa. Recibió ofertas para volver al Amazonas con una expedición abundantemente provista bajo esa bandera. Pero el tema era conflictivo y podría hasta costarle la cabeza a Orellana, quien sabía que el Tratado de Tordesillas había puesto toda la longitud del Amazonas bajo soberanía castellana. Los portugueses, no obstante, consideraban la costa brasileña y todo lo que desde allí se extendiera en dirección este-oeste como de su entera propiedad.

Orellana, pues, no aceptó el convite y continuó a Valladolid en mayo de 1543, con la esperanza de conseguir las reclamaciones castellanas sobre toda la cuenca del Amazonas.

Una vez en España, el capitán no podría evitar ser juzgado por abandonar a Pizarro. Esto lo sabía muy bien y estaba preparado para ello. Fue tal conocimiento y tranquilidad de conciencia, en el marco de una muy razonable argumentación lo que le permitió salir airoso.

Convenció a sus jueces de la verdad: no había podido regresar por el ímpetu de la corriente. El tema del amotinamiento prefirió no referirlo con lujo de detalles, sino más bien evitarlo con eufemismos, tal como a él mismo se lo habían planteado sus inferiores en aquella memorable carta –citada líneas atrás en este capítulo– que pasará a la historia casi como un modelo de persuasión política.

Orellana permaneció en España durante los años 1543 y 1544. En este período de tiempo se casó con doña Ana de Ayala, una joven atractiva, de origen humilde, que estaba dispuesta a acompañarlo hasta el fin del mundo. Casi al mismo tiempo, le es otorgado el título de adelantado, gobernador y capitán general de las tierras descubiertas.

Está listo para retomar su afanosa conquista. Zarpa de Cádiz, junto con su esposa, al frente de una nueva expedición, que financia él mismo, con el objetivo de remontar el Amazonas desde su desembocadura, surcarlo hasta Coca y retornar a Quito. Pero es detenido en Sanlúcar de Barrameda, debido a que gran parte de su expedición está compuesta por miembros que no son castellanos, lo cual violaba una disposición vigente.

Orellana no se amedrenta y busca un plan alternativo.

Las travesías marítimas no eran fáciles por aquel entonces. El clima influía fuertemente y la pericia del capitán para mantener a la embarcación a flote era la diferencia entre la vida y la muerte.

Finalmente, el 11 de mayo de 1545, escondido en uno de sus barcos, zarpa subrepticiamente de Sanlúcar con cuatro naves. Pero la suerte vuelve a serle esquiva. Uno de los buques se pierde antes de llegar a las islas de Cabo Verde, otro en el curso de la travesía y un tercero es abandonado al llegar a la desembocadura del Amazonas.

El desembarco se produce poco antes de las Navidades de 1545. El capitán se interna unos quinientos kilómetros en el delta del Amazonas tras construir un bergantín, a la manera de los viejos tiempos, y con los aderezos que tan bien recuerda como necesarios para la geografía que habrá de atravesar. Pero en esta segunda experiencia, la lucha por hacerse fuerte en el río más caudaloso del planeta resulta aún más hostil que en la primera oportunidad.

El resultado, a poco de remontarse en busca de esas anchas aguas ya conocidas por don Francisco, es poco edificante: 57

hombres mueren de hambre y el resto acampa en una isla del delta entre indios amistosos. Orellana parte en un bote para encontrar comida y la rama principal del Amazonas. A su regreso, encuentra el campamento desierto; sus hombres, creyéndolo extraviado, habían salido a buscarlo.

Orellana, junto al grupo que le queda, sigue tratando de localizar el canal principal, pero resulta atacado por los mismos indios con flechas venenosas que en la expedición pasada le habían muerto tres hombres. Diecisiete son los asesinados en esta ocasión, y el propio Orellana resulta herido.

La suerte, definitivamente, le ha sido esquiva. El capitán Francisco de Orellana morirá en noviembre de 1546. Su espíritu vivaz, su tesón, parecen haber caído ante tan mala racha. Aunque técnicamente las versiones acerca de su muerte difieren: se ha dicho que fue por las heridas recibidas y también que solo lo mató una enfermedad del trópico. En cualquier caso, es presumible que ambos factores hayan intervenido potenciados, lo cual era casi una recurrencia en el final frecuentemente trágico de los conquistadores.

Un total de 44 supervivientes (de 300 que habían partido) fueron finalmente rescatados por un barco español. Muchos de ellos se asentaron en Centroamérica, Perú y Chile, mientras que Ana de Ayala casó con otro superviviente, Juan de Peñalosa, con el que vivió hasta su muerte en Panamá.

Capítulo IX
El mundo indígena

> El demonio hacía entender a los indios destas partes
> que era ofrenda grata a sus dioses tener indios que asistiesen
> en los templos para que los señores tuviesen con ellos
> conocimiento, cometiendo el gravísimo pecado de la sodomía.

Pedro Cieza de León. *Crónicas del Perú*, 1553

S i el epígrafe precedente se presta a polémica, es innegable que ante todo debe contemplarse el contexto histórico en que fue escrito. Sin duda, Cieza de León nada sabía de los "derechos de unión civil entre personas de un mismo sexo", por ejemplo, por dar apenas una referencia de la estructura que regía su mundo cultural y social.

Así también, a medida que avanza la ciencia, muchos de los usos y costumbres de las tribus prehispánicas van adquiriendo nuevos y más completos enfoques multidisciplinarios. En el mismo sentido, cuestiones culturales, sanitarias y alimenticias, estudiadas desde nuevos lentes, arrojan novedosas conclusiones.

Con creciente frecuencia, los medios de comunicación revelan aspectos hasta hace poco incógnitos acerca de las civilizaciones precolombinas. Tales descubrimientos nos dan la oportunidad de ponernos, al menos parcialmente y durante unos segundos, en la piel de lo que pudo haber encontrado el conquistador al pisar el Nuevo Mundo por vez primera.

En torno a la antigua América, abundan misterios, contrasentidos y paradojas. Algunos temas de compleja dilucidación, como la construcción de las pirámides mayas y su significado profundo, el calendario azteca, el mito de Quetzalcoatl, el sistema de los "nudos" incas, las ejecuciones y ofrendas de vidas humanas, etc, han sido relacionados con posibles inteligencias extraterrestres, condicionamientos de los fenómenos climáticos sobre la fe de los hombres, cuestiones metafísicas, y otros factores. Pero ninguna explicación sobre el porqué sustancial de ciertas huellas históricas que han dejado las culturas aborígenes americanas, es completa.

Nos seguimos interrogando acerca de la edificación de monumentos religiosos impactantes, e incluso por la vigencia de tesoros escondidos, las señales figurativas trazadas en la superficie terrestre para ser vistas desde gran altura, y otras curiosidades que parecen ser la continuidad sin solución de El Dorado o la Fuente de la Juventud. Más allá del encanto místico que ligue estas cuestiones pendientes, lo cierto es que la ciencia sigue avanzando y sacando a la luz, aunque con cuentagotas, novedades sobre algunos puntos relativos a la cultura –en el sentido amplio del término– de los pueblos originarios de América.

El objetivo de este último capítulo es abordar los misterios presentados. En parte, recurriendo a los descubrimientos recientes acerca de la antigua vida aborigen y, también, repasando los datos históricos disponibles sobre aquello que aún nos resulta inquietante y, se diría, viene a revelarnos mucho acerca de la naturaleza humana en general.

Las fuentes, pues, son básicamente dos: los medios de comunicación actuales (diarios, revistas especializadas, Internet, etc.) y la bibliografía histórica tradicional, con especial prioridad en las crónicas de los propios conquistadores.

La propuesta de este capítulo bien podría extenderse a un libro en sí misma. Por tal razón, no realizaremos un abordaje lineal, ni consecutivo, ya que dicho enfoque haría presuponer que habremos de abarcar lapsos y geografías en forma completa. Nos limitaremos, pues, a ciertos recortes producidos y divulgados en los últimos tiempos que puedan sumar novedades a la fascinante escena del descubrimiento transmitida –conquistadores mediante– en los tramos previos de esta obra.

Necrofilia, sodomía y canibalismo

Es el propio Cieza de León (1518-1554) uno de los primeros en abordar –e hilvanar– seriamente los tres temas que dan subtítulo a estas líneas. Resulta curioso que a la corta edad de quince años, recién llegado al Nuevo Mundo, este precoz escribiente haya advertido la delicada fluctuación entre ciertas pulsiones de la naturaleza humana, y se haya tomado el trabajo de reseñarlas e interpretarlas, unos años después. Así, en su célebre *Crónica del Perú*, Cieza destaca por ejemplo que: "…por estos valles se usa mucho el enterrar con el muerto sus riquezas y cosas preciadas, y muchas mujeres y sirvientes; los más privados que tenía el señor siendo vivo".

Nos revela esta sencilla y clara exposición un hecho frecuente entre algunas familias incas, que era el de enterrar vivos a los vasallos del muerto junto al cuerpo exánime del hombre (si el difunto era de una condición social superior, desde ya).

En otro fragmento de su crónica, Cieza se ocupa de la homosexualidad –más precisamente de travestismo homosexual– que descubre, espantándose, su amigo el padre fray Domingo de Santo

La leyenda de la "fuente de la eterna juventud" es anterior a la conquista pero son los misterios que comienzan a gestarse en el nuevo continente los que reflotan el mito.

Tomás, quien le entrega personalmente una crónica escrita para engrosar su archivo sobre los usos y costumbres de los habitantes nativos del Perú.

En dichas líneas –transcritas por Cieza– el sacerdote narra su horror e incluso su intervención frente al mismo en función de sus más profundas convicciones religiosas y morales, según refiere en estos términos:

> Verdad es que generalmente entre los serranos y yuncas ha el demonio introducido este vicio debajo de especie de santidad, y es que cada templo o adoratorio principal tiene un hombre o dos o más, según es el ídolo, los cuales andan vestidos como mujeres, desde el tiempo en que eran niños; y hablaban como tales, y en su manera, traje y todo lo demás remedaban a las mujeres. Con éstos, casi como por vía de santidad y religión, tienen las fiestas y días principales su

ayuntamiento carnal y torpe, especialmente los señores y principales. Esto sé porque he castigado a dos: el uno de los indios de la sierra, que estaba para este efecto en un templo, que ellos llaman guaca, de la provincia de los Conchucos, término de la ciudad de Guanuco; el otro era en la provincia de Chincha, indios de su majestad; a los cuales, hablándoles yo sobre esta maldad que cometían, y agravándoles la fealdad del pecado, me respondieron que ellos no tenían culpa, porque desde el tiempo de su niñez los habían puesto allí sus caciques para usar con ellos este maldito y nefando vicio, y para ser sacerdotes y guardas de los templos de sus ídolos. De manera que lo que les saqué de aquí es que estaba el demonio tan señoreado en esta tierra, que, no contentándose con hacerlos caer en pecado tan enorme, les hacía entender que el tal vicio era especie de santidad y religión, para tenerlos más sujetos.

Finalmente, Cieza corrobora el hecho como una desafortunada costumbre regional y saca sus propias conclusiones al respecto, absolutamente en línea con la católica lógica hispánica conquistadora:

Y aun también me acuerdo que Diego de Calvez, secretario que ahora es de su majestad en la corte de España, me contó cómo, viniendo él y Peralonso Carrasco, un conquistador antiguo que es vecino de la ciudad del Cusco, de la provincia del Collao, vieron uno o dos destos indios que habían estado puestos en los templos como fray Domingo dice. Por donde yo creo bien que estas cosas son obras del demonio, nuestro adversario, y se parece claro, pues con tan y maldita obra quiere ser servido.

En cuanto al canibalismo (que como hemos visto no sería una usanza exclusiva de los aborígenes), es una práctica que encuentra vastos exponentes entre las tribus de América. Desde el Río de la Plata hasta territorio mexicano se han registrado casos explícitos de antropofagia enmarcados en distintos contextos. Por lo general las causas que daban lugar al hecho eran religiosas y tenían que ver tanto con el amor (los deudos ingerían a sus seres queridos una vez muertos, incorporándolos así a sus vidas de la forma más completa que podían concebir) o con el odio y el sometimiento: el vencedor en la batalla hacía "desaparecer" de la faz de la tierra todo rastro de su otrora enemigo, comiéndoselo.

Los aztecas sacrificaban cada año miles de vidas humanas en honor a Tezcatlipoca. El ritual consistía en extraer el corazón de la víctima y ofrecerlo al dios. La liturgia incluía el ofrecimiento de la sangre del sacrificado, el desollamiento del cadáver y el consumo de su carne por parte de los sacerdotes y hombres principales del imperio.

Uno de los primeros casos resonantes de antropofagia en la Europa del siglo XVI fue el que narró un navegante alemán llamado Hans Staden, quien había zarpado por segunda vez del sur de España, en 1550, con destino al Nuevo Mundo en una expedición acerca de la cual en su testimonio falseó los datos, aparentemente para eludir represalias, ya que habría viajado en forma ilegal.

Según su propio testimonio, ya asentado en América, Staden se contrató como artillero en un fuerte portugués, al norte del Brasil, zona asignada a la Corona lusitana según el tratado de Tordesillas. Hans relata que estando de guardia, su posición fue atacada y él resultó capturado por un grupo de nativos que pretendían sacrificarlo y devorarlo en virtud a la tradición y el ritual que regía a este pueblo en particular: eran los temibles y famosos tupinambas quienes lo habían hecho prisionero.

Staden recuerda en su libro que, conociendo el dialecto, regional, logró pedir una audiencia con el cacique de la tribu y evitar ser muerto en el acto, o mejor dicho, dejar la ejecución e ingesta de su cuerpo en suspenso. El teutón permaneció en cautiverio durante nueves meses, conviviendo con los indios y asistiendo con harta frecuencia a sus horrendos festines de carne humana (Staden: *Viaje y cautiverio entre los caníbales*, 1557). Finalmente, consigue liberarse y escapar al horroroso final.

Al volver a Europa, en 1557, Staden publica un volumen pleno de detalles, con grabados incluídos. El libro se titula *Viaje y cautiverio entre los caníbales* y hace una de las más exactas descripciones de las prácticas antropófagas en América, a partir de los tupinambas del Brasil, tribu emblemática en esta práctica.

Además de relatar minuciosamente cuáles, en qué orden y con qué propósito seleccionaban las partes del cuerpo que se devorarían, el aventurero narra qué obtenía el indio –generalmente un primerizo en la materia– que iniciaba el ritual y por qué:

> Aquel que ha matado gana otro nombre, y el rey de las cabañas le marca el brazo con el diente de un animal feroz. Cuando cura, se le ve la marca, y esto es la honra que tiene. Después tiene él, en el mismo día, que quedar acostado en su red y le dan un pequeño arco con una flecha para pasar el tiempo tirando a un blanco de cera. Esto se hace para que los brazos no queden inseguros, del susto de haber matado y comido por primera vez a un hombre. Esto yo lo vi y presencié.

LECTOESCRITURA AMERINDIA

A comienzos de 2006, la prestigiosa revista "Science" –órgano de la American Association for the Advancement of Science– hizo pública una noticia de importancia mayúscula. En las ruinas mayas de San Bartola (Guatemala) se hallaron jeroglíficos pintados que datarían de 200 a 400 a.C. Es decir, que los mayas usaban la escritura al menos dos siglos antes de lo que se creía.

Hasta poco antes de ser divulgado este informe sobre la lectoescritura de los antiguos pobladores mexicanos, se sabía que los aztecas utilizaban la escritura pictográfica grabada en papel o piel de animales. Todavía se conserva alguno de estos escritos, llamados "códices".

Sin embargo, a partir de los recientes descubrimientos, tienden a estrecharse los lazos entre las culturas maya y azteca, insinuando que la influencia maya en la cultura méxica azteca pudo haber sido considerablemente mayor a lo que le asignó la historia.

Dicho de otro modo: hay hipótesis según las cuales es posible que mayas y aztecas hayan coincidido al punto de formar una misma cultura en dos etapas distintas, interpenetrándose y moviéndose geográficamente hacia el norte. En cuanto a los tiempos, hay una vacío que va desde año 900 hasta fines del 1200, probablemente eslabonado por la civilización tolteca, antecedente consensuado directo de los méxicas.

Según reseña tan oportunamente "Science", las ruinas de San Bartola son muy preciadas por sus murales, de mas de 2.000 años de antigüedad, aunque las condiciones climáticas de la zona selvática en que fueron halladas borraron señales clave de esta prodigiosa cultura.

Lo poco que se conserva de la pintura maya se halla dentro o por debajo de edificaciones posteriores, ya que solían construir por encima, destruyendo parte de lo anterior. Así se "salvaron" los murales de San Bartola, pintados al estuco en el siglo I a.C., a pesar de que el sitio fue dañado por los saqueadores de ruinas. Los murales en cuestión están por debajo de un templo piramidal que mide 33 x 15 metros, con escalinatas al norte y al sur. Boris Beltrán, estudiante de la Escuela de Historia de la Universidad de San Carlos en Ciudad de Guatemala, fue quien detectó estas inscripciones o "glifos" en un conjunto de diez, que mide 15 x 3 centímetros de superficie total: "Aún no sabemos en qué parte del muro estaban. Encontramos la jamba de la puerta, que tiene pintados la cara y el cuerpo del dios del maíz".

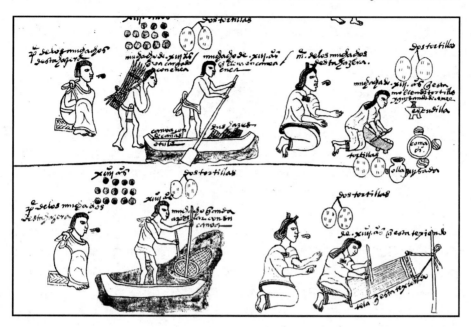

Los códices aztecas eran un modo de escritura pictográfica.

Precisó por su parte el doctor William Saturno, de la Universidad de New Hampshire (Estados Unidos) y director del "Proyecto San Bartola".

Los jeroglíficos están pintados en gruesos trazos negros sobre yeso blanco.

Es la escritura maya más temprana hallada hasta el momento, pero no fue la primera porque la persona que hizo esto sabía bien cómo pintar –aseguró Saturno–. Si tenemos escribas ya desde 200, 300 años a.C., haciendo permanentes las historias, la escritura maya debió de comenzar al menos un siglo antes.

Hasta el año 2004 de nuestra era, se creía que la escritura más antigua de Mesoamérica era la de los zapotecas en el valle de Oaxaca (México).

> Tenemos escritura en piedra fechada en 300 a 400 a.C. –señaló Saturno–. Fue grabada en estelas, bloques de piedra de 1,50 a 3 metros de altura, que se erigían al frente de las estructuras rituales.
>
> Ahí se anotaban acontecimientos de los gobernantes, ascensos al trono, nacimientos y ciertas fechas importantes, como constancias de alguna conquista sobre otro reino –informó Beltrán–.

Se cree que parte de aquel relato estaría consignado en los glifos de San Bartola, aunque al momento de la redacción de estas páginas el tema estaba en su más incipiente etapa de investigación: "Solo podemos leer una porción del texto, que significa "noble, rey" no sabemos si es el título de una persona real o mitológica –indicó Saturno–".

Algunos glifos parecen claros –una mano que sostiene un cuchillo, un pájaro en su nido– pero todavía la ciencia no ha podido revelar la secuencia completa.

Otras interpretaciones acerca de los mismos glifos hallados aluden a un ave de mayor tamaño al común, posada sobre una rama picoteando a una culebra. La simbología resulta familiar. Y especialmente parecida a la escena del águila y la serpiente que descubrieron, según la leyenda, los sacerdotes aztecas en el año 1325, en un islote cerca del lago Texcoco, a partir de la cual se erigió Tenochtitlán.

Los descubrimientos recientes indican que los mayas desarrollaron una escritura silábica, que perfectamente comunica cualquier idea que uno pueda tener, destacó Federico Fahsen, profesor adjunto de epigrafía en la Universidad de Vanderbilt, incluyendo expresiones glíficas para indicar que alguien murió, así como constan oraciones completas que dicen, por ejemplo "su espíritu blanco voló en el aire".

Los mayas y aztecas escribieron numerosos códices en papel, de los que solo cuatro se han podido reconstruir hasta el momento, generando cada día nuevas sorpresas.

De todo el material recuperado, existe una de las voces concretas que pervivió desde las primeras inscripciones y ha sido comprendida ancestralmente por cada una de las etnias regionales: se trata del término "tz'ib" cuyo sonido (y grafía) significa "escritura".

Los aztecas, por su parte, utilizaban un sistema calendario que habían desarrollado también a partir de los antiguos mayas. Tenía 365 días, divididos en 18 meses de 20 días, a los que se añadían 5 días "huecos" a los cuales consideraban "aciagos y de mala suerte".

Utilizaban, además, un calendario de 260 días (20 meses de 13 días) que aplicaban exclusivamente para adivinaciones. Quedó también comprobado que en esta cultura, la educación era muy estricta y se impartía desde los primeros años de vida.

Pero el descubrimiento de San Bartola, revelado por "Science", hace pensar que en realidad el Imperio Azteca tenía una circulación cultural mucho más profunda a la que suponíamos y, obviamente, más ligada a la civilización maya de lo que se ha creído hasta hoy.

LA MANDIOCA: UNA RESPUESTA POSIBLE AL MISTERIO DE LA NUTRICIÓN

La alimentación de imperios multitudinarios como el azteca y el maya ha constituido otro tema de investigación que desveló a historiadores especializados durante años. Se sabe que ambas civilizaciones dominaban la agricultura con excelentes recursos y aplicaciones sofisticadas, pero lo relevado hasta hace poco no explicaba cómo pudieron estos pueblos abastecer a sus inmensas comunidades, para lo cual debieron haber requerido fuentes nutricias muy superiores a las que se pudieron comprobar según la documentación clásica.

Precisamente, respecto de este interrogante, otra vez la ciencia descubre y difunde, a través de un medio periodístico de prestigio, recientes investigaciones de alto impacto e interés historiográfico.

El día sábado 1° septiembre 2007 el prestigioso periódico norteamericano "The New York Times" publicó un artículo firmado por el periodista John Noble Wilford según el cual el eterno interrogante ("¿cómo alimentaban a tanta gente?") acerca de las civilizaciones maya y azteca en su apogeo comienza a ser develado.

El autor asegura que, además, cada día los estudios tienden a descubrir densidades poblacionales mayores en estos pueblos y que en consecuencia, el interrogante sobre la alimentación se agiganta proporcionalmente.

Los expertos, entonces, han comenzado a sospechar que los agricultores cultivaban algo más que maíz, frijol y calabacita. En ese marco, los pueblos mesoamericanos habrían desarrollado también una agricultura a gran escala imprescindible para alimentar a las muchedumbres.

Existía la sospecha creciente de que entonces estos aborígenes pudieron haber dominado el cultivo de la mandioca, raíz de uso frecuente en los trópicos americanos en la actualidad. Sin embargo, por más que lo intentaron hasta cierto punto, los arqueólogos y paleobotánicos no habían logrado hallar evidencias directas y convincentes del cultivo de la mandioca por parte de mayas, aztecas, o grupos precolombinos de Centroamérica y México.

Tláloc era para los aztecas el más importante de los dioses de la agricultura. Se lo consideraba el dios del agua y de la fertilidad en las religiones teotihuacana y nahuatl. Se lo honraba con sacrificios humanos para que no produjera sequías o lluvias torrenciales.

La noticia indica que el 20 de agosto de 2007, tras realizar diversas excavaciones en República de El Salvador, arqueólogos de la Universidad de Colorado dieron con un pueblo enterrado, reportando como resultado el descubrimiento de los restos de un campo de mandioca cultivada que creció hace 1.400 años. Los expertos coincidieron en cuanto a que ésa era la evidencia más temprana de la domesticación de dicho tubérculo –uno de los más ricos en carbohidratos y aportes energéticos– en América.

El campo de mandioca había sido localizado en Cerén, sitio arqueológico 30 kilómetros al noroeste de San Salvador, que algunas voces dieron en llamar "la Pompeya del Nuevo Mundo". ¿Por qué esta denominación informal? Alrededor del año 600, la erupción de un volcán cercano enterró las construcciones, los artefactos y el paisaje de Cerén bajo una profunda capa de ceniza.

Según Payson. D. Sheets, profesor de antropología en la Universidad de Colorado:

> Este campo fue una especie de premio gordo para nosotros. La extraordinaria productividad de la mandioca podría ayudar a explicar cómo el sistema maya, en sitios enormes como Tikal, en Guatemala, y Copan, en Honduras, mantenía a poblaciones tan densas.
>
> En investigaciones anteriores en Cerén –prosigue Wilford– solo se había encontrado una planta de mandioca en un jardín de cocina. Sheets dijo que eso hizo que todos pensaran que la mandioca debió haber tenido un papel poco importante en la dieta.

Las últimas informaciones que existían hasta hoy –del año 1996– acerca de la agricultura regional precolombina, indicaban que "el papel de los cultivos de raíz en la dieta maya es desconocido". El equipo de investigación en este caso utilizó un radar que penetra el suelo, taladros y fosos de prueba para descubrir las ordenadas hileras de sembradíos de mandioca, a tres metros de profundidad. Huecos dejados por el material descompuesto de las plantas fueron moldeados con yeso dental para conservar sus formas y subsecuentemente fueron identificados como tubérculos de mandioca. El artículo incluye fotografías especializadas que dan cuenta de la forma del tubérculo, prácticamente igual a la que se conoce como mandioca actual.

El descubrimiento movilizó a muchas corrientes y grupos de investigadores históricos interesados en descubrir hasta qué punto los aztecas, e incluso los incas, por ósmosis regional, hayan heredado el uso de la mandioca como elemento base en la pirámide nutricional y qué incidencias sanitarias pudo haber tenido este antecedente, particularmente en el proceso posterior de la conquista española.

El misterio de la pirámide que trina

En diciembre de 2004, un equipo de científicos belgas hizo público su apoyo a una teoría respecto de que los antiguos mayas construían sus pirámides para que actuasen como resonadores gigantes con el objetivo de producir ecos extraños y evocativos.

Nico Declercq de la Universidad de Gante, Bélgica, y sus colegas, demostraron cómo las ondas de sonido, rebotando alrededor de las hileras de escalones de la pirámide El Castillo en las ruinas mayas de Chichén Itzá, generaban sonidos que representan la mímica del trino de un pájaro y el golpeteo de las gotas de la lluvia.

El efecto de la "llamada del pájaro", que se asemeja al gorjeo del ave mexicana, el quetzal, –animal sagrado dentro de la cultura maya– fue reconocido por primera vez por el ingeniero en acústica establecido en California David Lubman en 1998. El "gorjeo" es fácil de disparar si se sabe cómo hacerlo: el secreto consiste en "aplaudir" en un sector determinado de la base de las escaleras.

Declercq quedó impresionado cuando apareció por primera vez este eco, en una grabación que le hicieron escuchar en una conferencia sobre acústica en Cancún en 2002. Finalizada la conferencia, Declerq, Lubman y otros asistentes realizaron un viaje a Chichén Itzá para experimentar por sí mismos el "gorjeo" en El Castillo. Realmente suena como un pájaro, aseguró Declercq tras haber batido palmas él mismo en el lugar indicado.

La primera pregunta que surgió ante el descubrimiento es si los arquitectos mayas realmente sabían lo que habían generado a partir de su diseño, o si la resonancia era pura casualidad.

En principio, los cálculos de Declercq muestran que, aunque hay evidencias de que la pirámide fue construida para producir sonidos específicos, difícilmente los constructores hayan podido "diseñar" las características del sonido en cuestión.

Inicialmente Lubman estaba convencido de que los constructores de la pirámide efectivamente crearon el efecto del trino del ave con intención unívoca. Pero esto, según Declercq y sus colegas, puede no ser exacto. Su análisis respecto de la acústica de la pirámide muestra que el sonido preciso causado por los ecos depende del sonido que los produce. Por ejemplo, los tambores podrían producir un tipo de resonancia muy diferente.

Los investigadores tienen esperanzas de que otros realicen experimentos *in situ* de la acústica de El Castillo, para evaluar los efectos que producen fuentes de distinta forma, material, frecuencia, etc.

En otras experiencias de campo se comprobó que, a medida que ciertos visitantes subían los escalones de la pirámide de 24 metros de alto, podían oirse murmullos similares a los que genera la lluvia al caer en un cubo de agua.

En este sentido, el investigador Declercq se preguntó entonces si acaso pudo haber sido aquel sonido hídrico el que pretendieron reproducir los arquitectos del diseño acústico de El Castillo y no el del llamado del quetzal. Recordemos que el dios de la lluvia jugaba un papel muy importante en la cultura maya.

El equipo de Declercq ha demostrado que la altura y el espacio entre los escalones de la pirámide crean un filtro acústico que enfatiza algunas frecuencias de sonido mientras que suprime otras. Pero unos cálculos más detallados de la acústica nos muestran que el eco también se ve influenciado por otros factores más complejos como la mezcla de frecuencias de la fuente del sonido.

Tradicionalmente se ha considerado a la civilización maya como una de las culturas más avanzadas de su tiempo y los conocimientos que tenían respecto al Universo y sus representaciones astronómicas han maravillado durante años a los científicos e historiadores. Lo concreto es que sigue siendo una de las pocas culturas de las que se conserva un monumento que era, a su vez, un verdadero observatorio para estudiar el cielo.

En el nombre de América

En torno de la cuestión del nombre "América" para aludir al ciclópeo continente de Sur a Norte, cuyos habitantes, costumbres y cultura abordamos en este capítulo, bien cabe aquí revisar las últimas consideraciones registradas en esta materia.

La falta de certificaciones históricas plantea el interrogante sobre el origen nominal de América: ¿es realmente el sobrenombre de Vespucio el que lo determina y por lo tanto netamente de raíz española? ¿O nace en primera instancia como un derivado de la lengua indígena? Tal vez una conjunción de ambos. ¿A quién otorgarle los derechos de autor, por el bautismo de tan extenso territorio?

Deteniéndonos en el punto precedente: ¿es válida la explicación que nos remite a Vespucio? Dicho desde la propia América hispanoparlante, en el actual siglo XXI la pregunta podría formularse así: "¿cómo nos llamamos?" (antes, hoy, mañana).

La voz "América" podría rastrearse en las investigaciones de Jean Marcou, geógrafo francés quien sostiene que si bien el nombre se inspiró de modo confuso en el apodo Amérigo de quien llamábase Alberico Vespucci, la voz de marras tendría origen maya-quiché: "Amerrique" o "Amerique", en francés suavizado.

Una de las primeras revelaciones que surge del vocablo en sí mismo aparece en investigaciones lingüísticas actualizadas según las cuales, en el idioma maya "Amerrique" significa "país del viento", "país donde el viento sopla siempre".

En esos términos lo plantea José Steinsleger, escritor y periodista, miembro fundador de la Federación Latinoamericana de

Periodistas, desde un artículo publicado en el periódico "La Jornada" de México, en octubre de 2005.

Allí advierte, a partir de señales recientes que arroja la investigación histórica que:

> Amerrique era el nombre indígena dado a las montañas existentes entre Juigalpa y La Libertad, departamento nicaragüense de Chontales. El geólogo y naturalista Thomas Belt, autor de *The Naturalistic in Nicaragua* (1874), observó que la sierra o cordillera de Amerrique forma la línea divisoria de las aguas, entre el lago de Nicaragua y el río Bluefields.
>
> De 1868 a 1871, Belt fue ingeniero de la compañía Minera de Chontales, en las minas de oro de Santo Domingo, San Benito y San Antonio. Anteriormente, las minas habían sido explotadas por los indígenas y los españoles. Ávidos de oro, los tripulantes del cuarto y último viaje de Colón (1502-03) fueron los primeros en divulgar con persistencia la voz "amerrique".

Con relación al nexo "vespuciano", el mismo autor citado más arriba sostiene que el entonces piloto mayor Vespucci viajaba en aquel contingente afiebrado por la ilusión que inspiraba el vil metal y que sin embargo un año después Vespucci dejó de llamarse Alberico y adoptó el de Amérigo, nombre desconocido en Europa, pero dado por sus marineros a propósito de Amerrique o Amerique.

En el libro *Las mil y una historias de América* la historiadora Lucía Gálvez nos refiere:

> Buen propagandista de sí mismo, Vespucio envió la publicación a sus influyentes amigos florentinos y al duque de Lorena, mecenas del grupo cultural y científico de Saint Dié, situado en el corazón de Europa. El duque encontró el relato muy interesante y lo hizo conocer al cosmógrafo Martín Waldseemüller y al humanista alemán Ring-mann. El primero utilizó los bocetos y descripciones de

Vespucio para confeccionar su famoso mapa en la *Introducción a la cosmografía universa*, escrita por Ringmann y publicada en 1507.[28]

Al parecer –según relata Gálvez– fue este humanista alemán quien tuvo la idea de llamar "Tierra de Américo" a la nueva región, basándose en un fragmento del mismo Vespucio:

> Nuestros antepasados pensaban que al Sur de Europa no había ningún continente, sino solo el mar que ellos llaman Atlántico. Este viaje mío puso de manifiesto que tal opinión es falsa y totalmente contraria a la verdad. Pues en aquellas comarcas he hallado un continente más densamente poblado y abundante en animales que nuestra Europa, que Asia o África. Con todo derecho podemos llamarlo Mundo Nuevo.

En esta discusión infinita que ocupa aún hoy a investigadores e historiadores, Steinsleger aporta sus conclusiones:

> Vespucci fue acusado de colocar su nombre en las cartas, pretendiendo arrebatar a Colón la gloria del "descubrimiento". Pero no fueron los sabios quienes impusieron al vulgo el nombre América. En todos los puertos de mar era sabido que Vespucci no era el descubridor del "Nuevo Mundo". La resistencia de los sabios a la adopción del nombre "América", adoptado por el vulgo, duró tres siglos. En los actos oficiales, en el Consejo de Indias, en las Historias de las Indias de Oviedo, de Gómara, de Las Casas, no se emplea el nombre de Vespucci.

El mapamundi Houselab, basado en la obra de Waldseemüller, presentaba en 1509 un nuevo continente con el nombre de "América". Es bien sabido que no se le puede arrogar a Vespucio el honor de ser el gran descubridor, como tampoco pueden negársele algunos méritos, sobre todo desde el punto de vista intelectual,

---

[28]Gálvez, Lucía: *Las mil y una historias de América*, Ed. Norma.

Américo Vespucio, cuyo verdadero nombre era Alberico, adoptó el de Américo ya que así lo llamaban sus marineros, a propósito de la voz maya-quiché "Amerrique". Está última era la denominación que los indígenas le daban a las montañas Juigalpa y La Libertad, en Nicaragua.

ya que hizo algo que Colón no había hecho: publicar en varios idiomas un relato minucioso en donde cuenta los pormenores de todo lo que había visto en su viaje.

Por lo tanto, si bien no se ha comprobado que Vespucio nomine América, es seguramente el primero que acerca el Nuevo Continente al resto del mundo.

Conclusiones

El lapso oficialmente reconocido como "Época de La Conquista" no supera los cien años. Hacia 1573, cuando el término "conquista" fue abolido por Felipe II y reemplazado por el de "Pacificación", España atravesaba una etapa nueva y distinta respecto de América. Pero un reflejo notable de la velocidad con que se dieron los acontecimientos lo marca el epígrafe precedente, que la pluma de Bartolomé de las Casas –uno de los mayores cronistas del período– ya estaría refiriéndose, en el año 1542, en forma pretérita al fenómeno: para entonces, habían pasado apenas cinco décadas desde el descubrimiento de Colón y solo veinte años de la conquista de México.

Tan intensa como voraz, la conquista en sí misma (no así la colonización puntual) se dio en efecto muy velozmente, en términos históricos. Valga el dato, por ejemplo, de que los gobernadores inventaban insólitas conquistas a territorios lejanos para drenar su jurisdicción de indeseables cuando las ganancias parecían haber colmado sus posibilidades.

Las expediciones del virrey Mendoza al norte de México o las de Lagasca a Chile y el sudeste peruano, fueron de este tipo. En el mismo sentido es de considerar el agotamiento de las posibilidades económicas de algunas regiones, como las grandes islas antillanas, que lanzaban al exterior sus excedentes humanos para paliar la situación crítica en que se hallaban. La española fue el ejemplo más representativo, pero lo mismo ocurrió con Cuba y Puerto Rico.

La empresa conquistadora se clausuraba cuando había logrado su objetivo. Venía entonces el reparto del botín y la desmoviliza-ción. De lo cual se desprende que el motor determinante entre las capas más bajas sí era la sed de oro, porque la mayor parte de los aventureros eran gente pobre y aspiraban a una mejor calidad de vida.

Pero las campañas no eran un "sálvese quien pueda" al estilo forajido. Si solo hubiesen actuado por codicia desatada, los conquistadores habrían entrado en América cual avalancha, arra-sando, cavando pozos y minas para establecer factorías y seguir adelante, tal como hicieron los fenicios de la antigüedad o los portugueses en África y Brasil, o los ingleses en California y Alaska.

Los españoles, en cambio, se tomaron el trabajo de fundar, segmentar, documentar, convertir, levantar actas, misiones y litur-gias propias de quien abriga una fantasía simbólica en su derrotero. Por mera codicia no se habrían dado vida a miles de pueblos orga-nizados; todas las capitales americanas estaban fundadas antes de 1567.

Amén del botín, la mejor recompensa posible para el conquis-tador era la concesión de un título de nobleza, junto con extensas posesiones territoriales, lo que en realidad consiguieron unos pocos. Algunos más fueron nombrados funcionarios, lo que les permitió dejar las armas y comenzar actividades más lucrativas y de menor riesgo. El cargo más deseado, gobernador, permitió a algunos hacer fortuna para sí, sus familiares y sus compañeros de armas.

A modo de corolario, también conviene aclarar un punto controvertidol relativo a los expedicionarios como grupo humano. Mucho se ha hablado de la ferocidad y tiranía de los capitanes, empezando por el propio Colón, lo cual revela un error de análisis.

La conquista era una odisea compleja, temeraria, nueva, atípica. A puro látigo nadie cruza un contingente de guerreros a través del océano en una mísera cáscara de nuez. La travesía requería autoridad vertical, desde ya, como cualquier empresa naval militar. Pero, a diferencia del continente, en altamar y en el Nuevo Mundo, era necesario un consenso inédito, casi se diría "moderno" para la época. Los caudillos de la hueste consultaban con mucha frecuencia a sus subalternos y depositaban enorme confianza en los soldados con experiencia. Todos los miembros a bordo sabían que gestionaban una empresa "comunal". Esa sería la clave de su éxito.

América, por otra parte, fue una aventura para pocos. Importante, pero extravagante. Estimuló ilusiones delirantes, sí, pero no hubo "fiebre del oro" (en el sentido masivo de la expresión) ante el Nuevo Mundo. Entre 1492 y 1559, solo se habían embarcado hacia las indias occidentales 27.787 personas. Muy pocas dada la extensión de territorio que acometían. Y paradójicamente, si buscaban riqueza, la constante en las expediciones de conquista no fueron los metales preciosos sino el hambre.

La empresa, en suma, no hubo de resultar sencilla y por lo general no hizo ricos a los soldados a excepción del reducido grupo que penetró los imperios Azteca e Inca.

Quizás lo más conmovedor de la conquista sea el comprobar cómo una galería de mitos, leyendas y ambiciones fue conformando en su frenética odisea un verdadero Nuevo Mundo que no estaba planeado. Si el móvil fue material, España se diferenció notablemente de otros reinos, al buscar un paralelo humanístico, a tono con ese renacimiento respecto del cual, en su propio continente, venía retrasado.

Aquella pulsión, mechada por principios religiosos, fantasías, ambiciones, bondades y crueldades hizo de la avanzada sobre América una gesta vertiginosa en la cual los propios expedicionarios al servicio de su rey plantaron la semilla independentista. Acaso sin saberlo, sembraron lo que lenta e inexorablemente devendría en una forma naciente de pensamiento con respecto a las instituciones y a la sociedad universal.

La conquista, en definitiva, produjo la demarcación de un flamante espacio geográfico-social, de una cosmovisión universal en la cual prosperaría la vanguardia misma del iluminismo y todas sus ramificaciones, hasta engendrar las propias culturas iberoamericanas que –aún hoy jóvenes– pasarían a redefinir la historia de la humanidad.

Bibliografía

Alvar Nuñez, Cabeza de Vaca: *Naufragios y comentarios*, Colección Austral, 10ᵐᵃ edición, México, 1989.

Arciniegas, Germán: *Biografía del Caribe*, Editorial Sudamericana, Buenos Aires, 1966.

Avellaneda Navas, José Ignacio: *La expedición de Sebastián de Belalcázar al Mar del Norte y su llegada al Nuevo Reino de Granada,* Banco de la República, Bogotá, 1992.

Baudot, George: *La vida cotidiana en la América Española en tiempos de Felipe II*, Hachette, París, 1981.

Benites Vinueza: Leopoldo, *Argonautas de la selva*, Colección Tierra Firme, Fondo de Cultura Económica, México, 1945.

Benzoni, Girolamo: *Historia del Nuevo Mundo*, Alianza, Madrid, 1989.

Bernal Díaz del Castillo: *Historia verdadera de la conquista de la Nueva España*, Espasa Calpe, Madrid, 1985.

Cieza de León, Pedro: *La crónica del Perú,* Obras Completas, tomo I, Instituto Fernández de Oviedo, Madrid, 1984.

Cortés, Hernán: *Cartas de relación*, Editor Ángel Delgado Gómez, Madrid, 1993.

Cristóbal Colón: *Diario de a bordo*, Edición de Luis Arranz, Madrid, 1985.

De Madariaga, Salvador: *Hernán Cortés*, Espasa Calpe, Madrid, 1986.

Fitte, Ernesto: *Hambre y desnudeces en la conquista del Río de la Plata*, Biblioteca de Historia Argentina y Americana, tomo XV, Buenos Aires, 1980.

Fuentes Mares, José: *Cortés, el hombre* Grijalbo, México, 1981.

Gálvez, Lucía: Las mil y una historias de América, Norma, Buenos Aires, 1999.

Gálvez, Lucía: *Mujeres de la conquista*, Planeta, Buenos Aires, 1990.

Gálvez, Lucía: *Guaraníes y jesuitas*, Sudamericana, Buenos Aires, 1995.

Garcilaso de la Vega, el Inca: *Comentarios reales*, Bruguera, España, 1968.

Garcilaso de la Vega, el Inca: *Historia general del Perú*, Universo, Lima, 1970.

Hanke, Lewis: *La lucha española por la justicia en la conquista de América*, Aguilar, Madrid, 1959.

Herren, Ricardo: *La conquista erótica de las Indias*, Planeta, Buenos Aires, 1991.

Konetzke, Richard: "América Latina II, La época colonial", Historia Universal Siglo XXI, Madrid, 1971.

Las Casas, Bartolomé de: *Brevísima relación de la destrucción de las Indias*, Sarpe, Madrid, 1985.

Lebrún, Henri: *Historia de la Conquista del Perú y de Pizarro*, Biblioteca Virtual Miguel de Cervantes, Alicante, 2000.

Leon-Portilla, Miguel: *Los antiguos mexicanos,* F.C.E., México, 1984.

López de Gómara, Francisco: *Historia de la conquista de México*, Editor José Luis de Rojas, Madrid, 1986.

Martínez Loza, Abel: "Ideas geográficas de Hernán Cortés", en Anuario de Estudios Americanos, 1990.

Martínez, José Luis: *Hernán Cortés*. FCE, UNAM, México, 1990.

Mártir de Anglería, Pedro: *Décadas del Nuevo Mundo*, Bajel Editor, Buenos Aires, 1944.

Mazín Gómez, Oscar: *El cabildo catedral de Valladolid de Michoacán*, El Colegio de Michoacán, Zamora, 1996.

McNeill, William: *Plagas y Pueblos, Siglo XXI*, España, 1984.

Mechoulan, Henri: *Razón y alteridad en Fadrique Furió Ceriol*, Ed. Nacional, Madrid, 1978.

Méndez Plancarte, Alfonso: *Obras completas de Sor Juana Inés de la Cruz*, Fondo de Cultura Económica, México, 1952.

Miralles Ostos, Juan: *Hernán Cortés. Inventor de México*, Tusquets, Barcelona, 2001.

Mujica Láinez, Manuel: *Misteriosa Buenos Aires*, Sudamericana, Santafé de Bogotá, 1993.

Orellana, Francisco de: *Documentos sobre el descubrimiento de Amazonas*, Boletín de la Academia Nacional de Historia, Ecuador, 1956.

Páez, J. Roberto: *Cronistas coloniales*, Edit. J.M. Cajica, Jr., Ecuador, 1959.

Picón Salas, Mariano: "De la conquista a la independencia", México, F.C.E., 1965.

Pigaffeta, Antonio: *Diario de viaje*, Editor Joaquín Gil, Buenos Aires, 1942.

Posse Abel: *El largo atardecer del caminante*, Ed. Emece, Buenos Aires, 1992.

Salas, Alberto: *Crónica florida del mestizaje, hombres y cosas de estas Indias*, Losada, Buenos Aires, 1960.

Schmidl, Ulrico: *Viaje al Río de la Plata*, Ed. Emece, Buenos Aires, 1942.

Simpson, Lesly B.: *Los conquistadores y el indio americano*, Península, Barcelona, 1970.

Tapia, Andrés de: *Crónicas de la conquista*, Agustín Yánez (ed.), México, 1939.

Todorov, Tzvetan: *La Conquista de América. La cuestión del otro*, Siglo XXI, México, 1987.

Zabala, Silvio: *Orígenes de la colonización en el Río de la Plata*, Ed. del Colegio Nacional, México, 1977.

Zavala, Silvio: *La filosofía política en la conquista de América*. Fondo de Cultura Económica, México, 1947.

Zweig, Stefan: *Magallanes*, Editorial Claridad, Buenos Aires, 1996.